Een zwarte hand op mijn borst

Ander werk van Inez van Dullemen

Ontmoeting met de andere (novelle, 1949)
Het wiel (novelle, 1950)
Het verzuim (novelle, 1954)
De schaduw van de regen (novellen, 1960)
Een hand vol vonken (novellen, 1961)
Op zoek naar de olifant (reisboek, 1967)
De honger heeft veel gezichten (roman; eerste druk,
  onder de titel *Luizenjournaal*, 1969)
Logeren op een vulkaan (reisboek, 1971)
Vroeger is dood (kroniek, 1976)
Oog in oog (reisboek, 1977)
Een ezeldroom (roman, 1977)
De vrouw met de vogelkop (roman, 1979)
Eeuwig dag, eeuwig nacht (reisboek, 1981)

Inez van Dullemen
Een zwarte hand op mijn borst

Bericht uit Kenya

Amsterdam Em. Querido's Uitgeverij B.V. 1983

*Met dank aan Theo en Elena Kubbinga voor hun gast-
vrijheid en hulpvaardigheid; aan pater Arnold Grol, Fons
van Dijk, Gerda van Dijk-Assen, Toon Tellegen voor in-
spirerende gesprekken; en het Museum van de Tropen
voor waardevolle informatie.*

ISBN 90 214 6053 X

'Mijn kennis is kort als het jonge gras.'
   Masai

'Yes, travel is advisable. And believe me,
the world is a mind. Travel is mental travel,
I had always suspected this.'
   uit *Henderson the Rainking* van Saul Bellow

Voor Erik, Matthijs en Celia, with love

Inhoud

Proloog

In de middeleeuwen moesten studenten en jonge predikers hun geboorteplaats verlaten om te gaan rondtrekken, meestal zonder een cent op zak zodat ze voor hun onderhoud afhankelijk waren van het werk van hun handen of van de liefdadigheid van mensen in andere, vreemde, oorden. Ze moesten leren 'luisteren' naar nieuwe stemmen op markten, universiteiten, in kroegen, ze moesten iets aan de weet zien te komen, hun kennis uitbreiden. Dit zwerven vernieuwde hun leven.

Reizen is een bewustwording naar twee kanten: je leert meer omtrent andere mensen en culturen en je leert meer omtrent jezelf. Want opeens ben jij de vreemdeling – je komt aan de andere kant van de markeringslijn te staan, je moet je aanpassen, omschakelen, en in Afrika valt niet alleen op dat je huid wit is, ook je denken is wit. Je komt uit een klein hoekje van de westerse beschaving, uit de klei van ons Hollandse polderland, je bent gevormd door nuchterheid, materialisme, de oude koopmansgeest van onze voorvaderen, een beetje misvormd ook door het Calvinisme. Maar nu kom je in een vreemd werelddeel en opeens kun je overal vraagtekens achter zetten, achter al die oordelen en vooroordelen waarmee je van jongsaf bent opgezadeld. Het reizen schokt je uit je denkpatroon. Je ziet opeens een volstrekt andere wereld in wording, in ontwikkeling – je ziet weliswaar slechts een momentopname, maar het leuke is om te proberen die in perspectief te plaatsen.

Is reizen escapisme? Gezaghebbende heren in de Nederlandse letterkunde hebben dit idee pas weer gelanceerd: reizen zou vluchten zijn, een eigen leegte opvullen, de omgeving van de eigen inktpot zou voldoende moeten zijn om de geest te voeden. Reizen zou van armoede getuigen. Lees een boek, zeggen ze – als je genoeg hebt aan jezelf hoef je niet op reis. Maar is een boek lezen of televisie kijken dan ook niet een vorm van escapisme? Reizen is voor mij driedimensionaal lezen, alleen ben je er directer bij betrokken, alles vibreert en schokt om je heen, je geest gaat in bad en je zintuigen komen verfrist daaruit te voorschijn. Als je wilt kun je altijd weer opnieuw Livingstone zijn, er valt zoveel te ontdekken, alleen al in de menselijke jungle. Ik houd kennelijk van verandering, van nieuwe ervaringen – ik ben dol op vliegtuigen, vreemde wereldsteden – maar tegelijkertijd reis ik toch vaak met een apocalyptisch gevoel, denkend: dit zullen mijn kleinkinderen niet meer zien: deze uithoeken van de wereld waar je nog het samenspel kunt bespieden tussen natuur, dier en mens; dan beangstigt het me dat er zoveel waardevols dreigt te verdwijnen waarvan we de zin en de waarde nog maar nauwelijks hebben onderzocht. Dat geldt voor oude culturen, maar ook voor dieren. Op het moment dat we ontdekt hebben dat walvissen en dolfijnen hoogontwikkelde zoogdieren zijn die er een eigen taal op na houden, zijn ze al vrijwel uitgestorven, verdwijnen ze over de rand van het niets.

De vraag wordt me wel eens gesteld wat ik toch zoek bij die primitieve volkeren: de Indianen in Amerika, de Eskimo's in Alaska, en nu ook de nomadische stammen in Kenya: de Samburu, de Masai. Ik denk een andere zienswijze op het leven. Die stammen en volkeren bezitten weinig of niets van onze zogenaamde verworvenheden, ze hechten zich ook nauwelijks aan stoffelijk bezit. Maar ze kennen een relatie tot het leven, de natuur, de tijd, het omringende, zoals wij die niet (meer) hebben. Zo hebben de Samburu en de Masai geen ik-cultuur, maar een wijcultuur, waarin toch het individu hoog staat aangeschreven en zijn onvervangbare plaats in de gemeenschap inneemt. Ze kennen ook minder dan wij verveling, rusteloosheid, ze nemen voor alles de tijd; de tijd moet op een ándere manier door hen worden ervaren.

Waar ben ik naar op zoek gegaan in Afrika? Naar de ineenvlechting van mythe en werkelijkheid, naar de botsing tussen de oertijd en de eeuw van de technologie? De vermenging van de Afrikaanse ziel die andere codes kent, andere domeinen van 'zijn', met die van de westerse mens – de botsing, de explosie? De oorspronkelijke wereld en de mens die daar op natuurlijke manier in thuishoorde? Ik zag er daar in Kenya nog een scherf van liggen – of is het iets dat eigenlijk al verdwenen is? En wat komt er dan voor in de plaats?

Een praktisch christen of Sisyphus in de lompenstad

Een ketting met een hangslot op het hek, ernaast een bordje: *Mbwa Kali!* Bijtende hond! De askari, de nachtwaker, zit met een helm op zijn kop op zijn rieten askaristoeltje, zijn mond staat een beetje open en daarin schittert een solitaire tand in de bovenkaak, zijn weggedraaide ogen vertonen alleen een spleetje troebel wit, hij snurkt. Maar bij het minste onraad zal hij wakker schrikken en zijn knuppel grijpen – dat hoop je tenminste.

Ik lig veilig achter getraliede vensters in een comfortabel bed in het huis van mijn vrienden in Riara Gardens, een villawijk van Nairobi. Maar de hele nacht lig ik te woelen, luisterend naar frenetiek ganzegegak en aanhoudend gehuil als van een wolvenpak dat uit de omringende tuinen opklinkt – het lijkt of die beesten langs de heggen heen en weer rennen, allerlei schaduwen aanblaffend van vermeende of echte indringers. Ik doe geen oog dicht. Tegen wie of wat hebben wij ons verschanst?

Tegen welke vijand?

Tegen dat onzichtbare legioen van honderdduizenden hongerenden, dat rondom Nairobi is gelegerd in de krottenwijken Mathare Valley, Pumwani en Eastleigh.

Een schizofrene stad: Nairobi. Een heksenketel van wilde matatu's uitpuilend van de passagiers, vrachtwagens met de laadbakken vol negers die als bundels lucifershoutjes rechtop staan om zo min mogelijk plaats in te nemen, bedelaars die op kniestompen kruipen; zwembaden, tennisvelden, congresgebouwen, Fox Drive-ins, Wimpy's, Have a Coke and a Smile-reclames, nachtleven.

Maar direct naast het asfalt ligt de rode junglegrond, naast de autoweg het looppad van de armen. 's Ochtends wanneer de zon opkomt zie je het loopvolk binnenstromen op weg naar centrum of fabrieksterreinen: arbeiders, tuinlieden, aya's, marktvolk, naar huis kerende askari's – alles loopt in ganzenmars langs die rode voetpaden, als bloedlichaampjes die door de stad gaan circuleren, onder de flametrees en de lavendelblauwe jacaranda's. Enkele Masai ertussen, zonder haast, in hun rode lap gehuld en met hun eeuwig rekwisiet: de lans. Nu de droogte aanhoudt zullen ze spoedig hun koeien komen weiden in de stadsparken, is mij verteld. Andersoortige colonnes vormen de witgehansopte gevangenisboeven, die onder escorte door de stad marcheren, goedkope arbeidskrachten die als dwangarbeiders gebruikt worden – vroeger had je slaven, maar deze hoef je niet meer te vangen, dat is wel zo eenvoudig. Hun misdrijf is vaak niet ernstiger dan het stelen van een broek of het niet bij zich dragen van hun registratiekaart. Velen worden administratief 'vergeten' en blijven jaren achter de tralies. Ze horen bij het stadsbeeld. Je ziet ze aan de wegen werken en in de plantsoenen, een beetje slungelig, lachend, ze hebben tenminste te eten.

Schizofreen is die stad met zijn lilliputterig Manhatten in het centrum, de wolkenkrabbers omhoogstekend als meeldraden uit een tropische bloem. *Car Hire.* Een Vogue Boutique met een vleugje verwelkte Parijse élégance, de luifeltjes rood bepoeierd door het eeuwige stof: de junglegrond die door de naden van staal en beton heenbreekt. De markthallen met daarbinnen het kleurig mozaïek van meloenen, papaja's, bananen en de begeleidingszang: 'Jambo, jambo, kom je bij me? Ik geef je korting. Kom je bij me?' – Een gloednieuw ziekenhuis dat voor de helft leegstaat omdat er geen geld is voor bedden en personeel, maar dat wel een afdeling heeft voor openhart-chirurgie: een statussymbool.

Maar achter dat centrum met zijn bankgebouwen en hotels, achter de villawijken waar soms een verdwaalde aap door de bomen klautert, ligt, onzichtbaar voor de argeloze toerist, de grauwe zee van krotwoningen, de gore asfaltbelt die leeft van de uitwerpselen van de rijke stad.

Mathare Valley: alles heeft hier een niet-kleur, een mestkleur, bruin, grauw: het wormstekig hout, het karton vol vochtplekken, de vodden op het dak, de stukken pokdalig golfplaat — kleuren houden het hier niet lang vol, alles vervaalt, verbruint; de allerarmsten wonen in 'iglo's', gemaakt van lappen plastic gespannen over rondgebogen takken, en van bovenaf, staande op de heuvel, zie je die als scherven glinsteren. Een labyrint van modderpaden leidt door dit ondermaanse leefdomein en daarop liggen graatmagere geiten of verluisde katten die gehouden worden om de ratten te verdelgen. Mensen lopen op sandalen gemaakt van oude autobanden, oude olievaten worden gebruikt als voorraadkast, kinderslaapplaats, hondehok; alle voorwerpen hebben een meervoudig leven achter zich — gemaakt voor de welvaartsstaat, gebruikt, genoten en verworpen, worden ze hier in ere hersteld, een andere eer: die van de arme man.

Er is geen elektriciteit, geen waterleiding, geen riolering. Sinds de cholera twee jaar geleden toesloeg heeft de overheid op enkele plekken waterpompen en openbare toiletten geïnstalleerd, maar in de wijk Eastleigh moet je het water nog duur kopen van een tankwagen. 's Nachts is alles in duister gehuld met slechts hier of daar het schemerpitje van een olielamp of de gloed van een vuurtje, dan hoor je alleen maar gemurmel van onzichtbare mensen, geschuifel van voeten. Hier speelt het zich allemaal af: prostitutie, moord, ziekte, honger, illegaal stoken van smerige alcohol, 'changaa'.

'Maar moord en prostitutie zijn hier niet hetzelfde als in

15

Europa. Want dit is een jungle waarin alles vecht om te overleven.' De zangerige tongval waarmee dit wordt gezegd verraadt de Nederlander die bezuiden de grote rivieren werd geboren: pater Naud Grol. Bij eerste oogopslag niet het geijkte beeld van een missionaris. Een streepjesbloes, warrig halflang grijzend haar, blozende wangen, blauwe ogen, lachend hoewel voortdurend alert. Een onzichtbare kracht schijnt hem zonder aflaten voort te drijven, hij loopt snel, het ene gebouw in, het andere weer uit, zodat ik hem steeds kwijt raak.

Er volgen hem allerlei gasten die iets van zijn project te weten willen komen, ook vrijwilligers of sociale werkers die hem dringend iets moeten vragen. Hij leidt mij rond door het door hem in leven geroepen Undugu Vocational Training Centre: een complex van een veertiental gebouwtjes (schenkingen uit Europese landen) rond een keurig betegeld binnenplaatsje. Undugu betekent in het Swahili: broederschap, solidariteit. Overal in de werkplaatsen is onderwijs aan de gang, er zijn jongens bezig met metselen of timmeren, ze zitten achter een oude Singer-naaimachine, andere worden ingewijd in het vak van automonteur. Er is een kantine en een winkel waar produkten worden verkocht die door de Mathare-Valley-mensen zelf zijn vervaardigd: tassen, schorten, houtsnijwerk, kinderkleding – alles kleurig met Afrikaanse motieven versierd.

In een ander gebouw wordt lager onderwijs gegeven aan oudere kinderen die nooit de kans hebben gehad naar school te gaan.

'De lagere school is weliswaar kosteloos in Kenya, maar de leerlingen moeten een uniform dragen, compleet met schoenen en das, dat dateert nog uit de tijd van het kolonialisme,' zegt pater Grol. 'Veel ouders zijn niet in staat een uniform te betalen, de meeste slumkinderen hebben nog nooit schoenen aangehad. Bovendien hebben ze geen tijd voor school omdat ze zelf hun kostje bij elkaar moeten zien te scharrelen. Het onderwijs is nog helemaal op Engelse leest geschoeid, daar is nog niks aan veranderd sinds de onafhankelijkheid. Het leidt op voor kantoorklerk, maar het zou veel meer gericht moeten zijn op ambachtelijke vakken. Het is allemaal nog het Cambridgesysteem. Ik ken een Kikuyu-jongen die hele stukken Shakespeare uit zijn hoofd kan reciteren, uit Richard de Derde en Hamlet. Maar met Richard de Derde kan je je brood niet verdienen.'

Ik vraag aan de leraar van de metaalbewerkingsklas: 'Welke jongens komen hier terecht?'

'Die worden geselecteerd door de *Elders* van Mathare Valley, een soort gemeentebestuur dat door de inwoners wordt gekozen.'

Dit hier zijn dus de uitverkorenen. Ze kijken naar mij, glimlachen – ja, ze vinden het fijn, zeggen ze.

'We zijn begonnen met het Parking Boys project,' zegt pater Grol, 'voor de dakloze jongetjes die een paar shilling verdienen door op geparkeerde auto's te letten.' Lachend: 'Je kon ze maar beter die paar shilling geven, anders gaven ze een kras op je lak... 's Nachts ging ik de straat op naar waar die kinderen lagen te slapen en dan zei ik: "Hallo, heb je soms zin om bij ons te komen? Heb je zin om te leren drummen of naar school te gaan?" Ik nam ze nooit mee in mijn auto, ik legde ze uit hoe ze bij ons moesten komen en liet het initiatief aan hen over, want ze moeten echt willen, anders lopen ze na een paar dagen toch weer weg. Nu zijn we ook begonnen met de prostituées. Die zien me altijd 's nachts rondscharrelen, die roepen me aan: "Hello, let's sleep together..." Maar ze kennen me langzamerhand, zeggen tegen elkaar: "He is not interested, he's a priest. He'll help you in some other way..." We proberen die vrouwen iets te leren, ze hun zelfrespect terug te geven. Je moet niet proberen ze van de prostitutie af te houden of ze aanpraten dat dat slecht zou zijn. Het is survival-prostitutie, het enige middel voor ze om in leven te blijven en hun kinderen te eten te geven, kinderen zonder vaders. Het zijn tien shilling-vaders, die die vrouwen de volgende dag niet eens meer herkennen. Je moet naar die vrouwen luisteren, met ze meedenken, samen proberen overlevingskansen te vinden. We hebben er nu zo'n tachtig – Udada's, zusters, noem je ze hier – die naar avondklassen komen, een aantal heeft al een baan gevonden als schoonmaakster, naaister, één is secretaresse. We volgen de psychosociale methoden voor bewustwording van Paolo Freire uit Latijns-Amerika. We stellen allerlei ter discussie: wat is het voordeel van kinderen krijgen, wat van prostitutie, drugs, hygiëne, onderwijs of geboortenbeperking? Geboortenbeperking moet je heel delicaat aanpakken, daar willen ze niets van weten, moederschap staat zo hoog aangeschreven. Maar we hadden een voedseldeskundige en die liet plaatjes zien van gezonde en ondervoede kinderen. Van het ondervoede kind zeiden de vrouwen: dat kind is ziek. – Nee, het is niet ziek, maar ondervoed. – Waarom? – Geen goed eten. Wat krijgen jullie kinderen te eten? – Er is te weinig, we hebben geen geld, zeiden de vrouwen. En zo kom je via een omweg toch weer bij geboortenbeperking en voorbehoedmiddelen. Je moet eenvoudige duidelijke voorbeelden geven aan eenvoudige vrouwen die het weer aan anderen vertellen. We hebben een Health Department opgezet. We proberen preventief te werken, ze de eerste regels van hygiëne bij te brengen. Je moet je kinderen niet in de poep zetten, zeggen we. We leren ze wat goede voeding is. We hebben een nieuwe oven ontwikkeld, die houtskool gebruikt en de hitte langer vasthoudt. Die gaan we introduceren. Je moet praktische dingen brengen, geen theorieën.'

Aan de rand van het Undugu-erf staan we te kijken naar de zee van krotten beneden ons, een aanrollende bruinige vloedgolf waar hier en daar rook boven drijft.

'Vijftig procent van de Valley bestaat uit kinderen,' zegt pater Grol. 'Zelfs de regering is daar bang voor. Over tien, vijftien jaar heeft de bevolking zich verdubbeld. We willen geen tweede Calcultta worden. Ze gaan niet meer dood, ze blijven leven, daar komt het door, en er komen er ook van buiten de stad, bij duizenden. Waarom? Omdat ze werk hopen te vinden. Ze hebben die droom van de stad waar 's avonds lichten branden, waar winkels zijn en luxe en avontuur. Vrouwen komen omdat hun man allang verdwenen is, ze hopen hem hier terug te vinden of een nieuwe partner te trouwen. Er is geen grond genoeg meer buiten Nairobi voor al die mensen om wat te verbouwen of geiten te houden, de grond is schaars en uitgeput, bovendien niet te betalen. De honger drijft ze uit de bush als een jachthond het wild, en ze komen hierheen met hun laatste hoop.'

Kinderen komen op ons toe rennen, een jongetje draait een radslag over de grond, als een kleine clown, kijkt uit zijn ooghoeken, belust op applaus. Even legt de pater zijn hand op het stoffige krulhaar. 'Die is met me mee geweest naar Duitsland om voor de televisie op te treden. We hebben veel sponsors daar. Deze is bij ons op school. We hebben er vijfhonderd zoals hij.'

'Hoe kiezen jullie die uit?'

'Van de armsten kiezen wij de allerarmsten; voor de rest moeten ze ijverig zijn en pienter. Zijn ze niet pienter dan helpen wij ze op een andere manier.'

Het duizelt mij enigszins wanneer ik hoor van alle activiteiten, alle projecten. Ik krijg stencils in de hand gedrukt – die moeten in vele talen vertaald; een enorme organisatie. Veertig vaste medewerkers en veertig vrijwilligers. Hij zegt: 'We proberen in te haken op de Afrikaanse gemeenschapszin. Vroeger was iedereen in een clan of familie voor elkaar verantwoordelijk. Als jij te eten had dan deelde je ook met je grootvader of je achterneef. Daarvan gaat hier veel verloren, veel families zijn uit elkaar gerukt, ze moeten zich nu als individu zien te handhaven. Maar dat oude gevoel voor gemeenschapsleven is er toch nog, dat proberen we te revitaliseren. Hoe? Door ze veel gezamenlijk te laten doen. De vrouwen hebben hun praatgroepen. De jongens doen aan karate of boksen, of ze spelen in een band. Jongens die goed in sport zijn gaan later dikwijls in het leger. Kijk, dit is een uniek project. Want we proberen de noden van alle leeftijden te bekijken en de problemen op verscheidene fronten aan te pakken. Want het grijpt allemaal in elkaar. Ze kunnen uiteindelijk alleen zichzelf helpen. Hulp van ons is maar tijdelijk, een punt van vertrek. Daarom laten we ze zo veel mogelijk zelf doen. We hebben nu die winkel opgezet waar de produkten die ze maken door hen zelf verkocht worden, die winkel moeten ze zelf runnen. Je kent die Chinese spreuk toch?

*Geef een man een vis
en hij heeft één dag te eten.
Leer een man vissen
en hij heeft zijn levenlang te eten.*'

Een Hollandse verpleegster neemt me mee naar het opvangcentrum voor de Parking Boys. Ze krijgen voorlopig onderdak voor een maand of drie, als proeftijd, in een soort loods met een betonnen vloer. Er staat geen meubilair, alleen dekens voor de nacht liggen opgerold langs de muur. Ze moeten de barak zelf schoonhouden. Ze zijn bezig boven een houtskoolvuurtje water aan de kook te brengen voor thee. De verpleegster kijkt in hun kelen, plakt een pleister op een snee in een blote voet, behandelt zwarte spikkeltjes op de huid – schurft – met een wittig spul uit een ouwe dry-ginfles. Ze houden hun hand op voor pillen.

'Als je één een pil geeft, dan willen ze allemaal,' zegt ze, 'het gaat om de aandacht die ze krijgen, het werkt ook psychologisch.' Ze verdwijnt met een van de jongetjes achter een schot omdat die zijn broek moet laten zakken.

'Ze zijn heel preuts,' zegt ze, 'de Kenyanen. Toen mijn house-boy een ontsteking in zijn lies had was hij geshockeerd dat ik daar naar wilde kijken, dat die hele handel naar beneden moest. Hij was al naar de dokter geweest, maar dat had niet geholpen. Het ging de hele straat rond dat de blanke memsahib onder zijn broek had gekeken. Maar toen hij genas waren ze toch onder de indruk. Deze kinderen weten van seks alles af, als ze een lekker bekkie hebben dan verkopen ze zich – maar er over praten doen ze niet.'

In het behandelkamertje worden gelijktijdig tweedehands kleren geselecteerd. De Kenyaan achter de tafel wijst met zijn balpen naar een van de jongetjes en zegt: 'Er is bericht binnen dat die gesponsored wordt door een Duitser.'

Undugu – broederschap. Vanuit een ver werelddeel reikt opeens een onzichtbare hand naar dat jongetje dat nog van niks weet, om hem op zijn voeten te zetten, om hem een duwtje in de rug te geven: leef, kleine zwarte broeder.

'Ik zal je het verhaal van dat kind vertellen,' zegt de Hollandse, 'een vreemde historie. Het was verstoten of weggelopen en liep huilend door de stad. Hij werd door een blanke vrouw opgepikt en mee naar huis genomen. Hij wilde niet vertellen waar hij vandaan kwam. Een jaar lang woonde dat kind in een Europees gezin (nee, geen Engels, want hij sprak geen Engels toen hij bij ons kwam – Zweeds misschien). Een jaar lang had hij alles wat een

Europees kind heeft, een bed en speelgoed, elektrische treintjes, overvloedig eten. Hij was daar thuis, had twee pleegbroertjes. Maar het contract van die mensen liep af en ze moesten terug naar Europa, ze konden het kind niet meenemen, en de vrouw liet het hier achter in het opvangcentrum van de Parking Boys. Hij was totaal verbijsterd. "Waar is mijn bed, waar is de wc," vroeg hij. "Krijg ik een koekje? Drinken we thee?" De jongens pestten hem, ze begrepen hem ook niet, hij sprak nauwelijks enig Swahili. Hij was totaal gedesoriënteerd. Maar nog steeds wilde hij niet zeggen waar hij vandaan kwam. Het enige wat we te weten kwamen was dat hij met een bus naar de stad was gekomen. Eindelijk kwam ik erachter dat hij een broertje had thuis. Ik zei: hier is een bal voor je broertje. Zullen we die naar hem toe gaan brengen? Hij weigerde. Maar toen zei ik: als we nou die bal naar je broertje hebben gebracht krijg jij ook een bal. Toen zei hij dat hij met bus 2 gekomen was uit zijn district. Dus reed ik met hem in de auto langs de route van bus 2. Ja, dit was zijn buurt. Ik reed eindeloos door allerlei straatjes, heel langzaam. Iemand herkende hem opeens. Nog meer mensen herkenden hem; ze schreeuwden en joelden. Hij was allang dood gewaand en nu zat hij opeens in een auto met een witte dame. Dat moest wel hekserij wezen. Misschien was het zijn schim. Ze durfden hem niet aanraken. Maar ze brachten ons bij het huisje van zijn moeder. Dat zal ik nooit vergeten, hoe die daar stond met de armen langs haar lijf in de deuropening, als versteend, geen blijdschap, geen enkele emotie. Alleen maar die doffe verstening. Zij wilde hem niet terug. Hij gaf de bal aan zijn broertje en die rende er snel mee vandoor. De moeder was blij toen hij weer wegging. Hij wilde ook terug naar Undugu.'

Wij rijden door Mathare Valley omdat pater Grol mij de lagere school wil laten zien. Overal zie ik de epidemie van de armoede, de niet direct dodelijke maar slepende, ondermijnende, ontmenselijkende armoede; ik zie de onstuitbare explosie van de voortplanting: overal kinderen tussen oude matrassen, geiten, voddebalen, papierresten, moddertroep, als een vrolijk gewas dat hier als onkruid opschiet. De allerkleinsten beseffen nog niet dat ze geboren zijn in de onderwereld. Ze tollen rond over het afval. Een paar staan te dansen op stokkige beentjes, klappend in hun lichtgekleurde handpalmen. De perfectie van hun motoriek frappeert me, het ritme, de precisie van beweging. Duizenden jaren van zang en dans, die erfenis van Afrika, zit nog in hun bloed.

Enkele kilometers verderop ligt de stad te pralen onder de bloeiende jacaranda's als een paradijs waarin velen nooit een voet zullen zetten. Zwarte handen hebben die stad gebouwd voor de witten om in te wonen, en nu wonen er ook de rijke zwarte Kenyanen, die de uitbuiting van de blanken hebben afgekeken en op hun beurt de armen terroriseren. Ze vragen woekerprijzen voor de grond van die krotjes, zodat veel mensen de huur niet kunnen betalen en moeten uitwijken naar nog beroerdere wijken zoals Pumwani of het Iglodorp. 'Er is geen Bijstand zoals in de Verenigde Staten. De regering is nog te nieuw, is niet genoeg geïnteresseerd. Die heeft zo veel andere problemen,' zegt Grol.

Officieel wonen er 850.000 mensen in Nairobi, maar in werkelijkheid zijn het er 1,5 miljoen. In het jaar 2000 verwacht men dat het er 4 miljoen zullen zijn.

Lemen huisjes zijn hier villa's, mensen zitten op de grond, vrouwen roeren in zwart beroete potten, een coca-colabord hangt onderste boven tegen een onooglijk kroegje gespijkerd, vliegen kruipen over geitevlees in een smerig slagerijtje, een oude man houdt zijn handen rond een slapend kind. Henry Miller heeft eens gezegd: 'Chaos is een woord dat we bedacht hebben voor een orde die we niet begrijpen.' Hier heerst geen chaos, alles heeft zich weer gevoegd, geschikt tot een nieuwe orde, alles heeft zich nederig, grondkleurig en klein gemaakt om toch maar te passen in deze nieuw ontstane wereld; mensen hurken, krotten hurken laag bij de grond, dan ben je nog het veiligst, kan je nog een restje dierlijke warmte vergaren, aan elkaars lijven, gloed van gloeiende as voor je handen.

Alles is hier aanwezig in een heviger, geconcentreerder vorm, op elkaar geperst: beenderen, spieren, oogappels, bloed, zaadcellen. Drift en verlangen. Woede en geduld. Veel geduld. Bij al die vrouwen die in een zwarte pan roeren, hun benen openen om het zaad van een man te ontvangen, die zich naar de grond buigen, de baby op hun rug leggen om die met een doek tegen hun lijf te binden, de levendraagsters, niet wetend waartoe, waarheen. En toch zie je overal het plezier van het bewegen, het kijken en lachen – ter wille daarvan betalen ze die prijs, denk ik, de prijs van de honger en de angst en de vreemde stinkende vent tussen je benen.

In het Undugu-schooltje dat uit rode leem is opgetrokken en met prikkeldraadversperring omgeven (ook daarbinnen is alles achter hangsloten weggesloten, ieder leerboekje, het minste potloodje) zitten kinderen op de grond om het abc te leren. Al die kinderen op de grond, de koppen omhoog, de schitterende ogen onder het doffe kroeshaar, omhoog kijkend naar de lettertekens op het bord, met de felheid, nieuwsgierigheid van jonge dieren om de regels te leren van het overleven. Je denkt: een toevallige kramp heeft jullie geboren doen worden – bestemd voor welk soort leven? En op een zelfde toevallige wijze gaan jullie dood. Het merendeel van jullie zal daartussen niet van deze plek zijn weggekomen, jullie zijn strootjes bijeengedreven in een stinkende poel. – Maar die lach tussen geboorte en dood, die lach, die verbaast me, daar weet ik geen raad mee.

Pater Grol overziet zijn kinderschare, dat bloemtapijt op de lemen vloer, hij steekt zijn arm de lucht in en opeens klinkt het uit alle kelen, schril en triomfant: Undugu hai! Leve de broederschap!

Bij het bord staat de onderwijzer met een krijtje in zijn hand zoals overal ter wereld. Maar hier besef je wat dat betekent: die hiërogliefen op het bord kunnen je toegang verschaffen tot een beter leven: je wordt misschien wel postbode of politieagent of winkelmeisje. De zwarte onderwijzer: een Mozes die zijn kinderen voorgaat naar het Beloofde Land, zijn krijtje de staf die water uit de rots zal slaan. Het lemen schoolgebouw staat daar alleen op voorwaarde dat het binnen vierentwintig uur kan worden weggebulldozerd, want misschien krijgt de gemeenteraad plotseling andere plannen met de grond.

Overal hangen lappen vod of plastic naar beneden als lappen huid van ontbindende lichamen. De levenden groeien alweer op de humus van de doden, laag over laag. Want je wordt hier snel humus, je wordt hier niet oud. – 'Voortijdig dement,' zegt de pater, 'of krankzinnig door ondervoeding en gebrek aan frisse lucht; onder dat plastic kun je geen zuurstof krijgen. Met veertig ben je oud. Toch hebben ze talent voor geluk. Ze kennen niet al die frustraties. Wanneer er een kind sterft zijn ze verdrietig maar blijven er niet lang bij stilstaan. – Wat heeft dat voor nut? zeggen ze. Ze moeten verder leven, ze maken van hun verdriet geen cultus.'

Ergens op een molshoopachtig heuveltje staat een man in een witte jurk, het hoofd in geestvervoering achterover gebogen, een zwarte Messias. De Valley is een kweekplaats voor moordenaars en profeten. Onafhankelijkheidskerkjes en Klapkerkjes schieten als paddestoelen

25

de grond uit. – 'Dat is dikwijls de enige vreugde die die mensen hebben, ze geloven in de Schepper, dat is zo diep geworteld. Ze zingen en bidden dat de vonken er af spatten...' En overal tussendoor zie je de flitsende jongemannen op hun snelle baseballschoenen, de sexy jungle-riders, goed gespierd, goede voortplanters zo te zien.

We rijden weer verder, de auto verzinkt in een diepe kuil. Een oude lorrie met een dronken chauffeur verspert de weg, er komt bijna een rel van. De pater claxonneert driftig. Ik heb steeds het gevoel dat de tijd hem op de hielen zit. Er is zo veel te doen, zijn haren worden al grijs, hij heeft haast.

Even later bega ik een stommiteit. Terwijl hij opeens is weggerend om iemand te spreken kom ik op het onzalige idee een paar foto's te maken. Maar op hetzelfde moment dat ik wil afdrukken – ik neem een onschuldig plaatje van een kraampje met een scharminkelige geit ervoor – grijpt een hand mijn fototoestel en plonst mijn blik in een paar gele ogen die een onbegrijpelijke haat uitstralen. De onbekende en ik rukken aan het toestel als honden aan een bot. Ik bied hem geld aan, maar daarin blijkt hij niet geïnteresseerd. Hij spuwt op mijn voeten en bijt mij met sissende stem toe dat hij me in de gevangenis zal laten gooien. – Dat zullen ze zo gauw niet doen, een blanke vrouw, denk ik, en dat op klaarlichte dag. Nog steeds houd ik vast, gehypnotiseerd in die hatende gele ogen kijkend. Dan komt uit de verte met wapperende haren vader Grol aanrennen, roepend: 'Laat los!' Maar niet tegen mijn aanvaller, tegen mij. 'Laat los, geef die man dat toestel!' Verbluft laat ik los, waarna de beide mannen zich onder heftig gepraat weer verwijderen. Onmiddellijk komen als vliegen op de stroop slumjongens op mij toe die nieuwsgierig vragen: 'What happened? What happened?'

'Als je tegen die mensen zou zeggen dat je een geit wou fotograferen zouden ze denken dat je gek was.' Grol haalt geprikkeld zijn schouders op, vol gas gevend zodat de wielen in de modder slippen. Ik voel opeens de kloof die gaapt tussen mijn onbegrip van welvaartswitte, mijn toeristisch snuffelen en de werkelijkheid van de zwarte wereld van deze slummensen.

'Hoe heeft dit kunnen gebeuren?' zucht de pater vertwijfeld. Opeens ziet hij er uitgeput en rood en erg menselijk uit. 'Weet je wie dat was? De Chief, de koning van Mathare Valley. Zelfs de regering is doodsbang voor hem, want hij heeft enorm veel macht. Ze weten dat als er ooit revolutie komt, die hier zal beginnen. Deze man heb ik juist nodig om toestemming te krijgen voor een nieuw projekt. We willen hier een gemeenschapshuis bouwen, en al maanden loop ik achter die man aan om dat erdoor te krijgen. Want het moet goedgekeurd door de Elders. En nu is hij woedend. Ik ben al eens eerder in het openbaar gekapitteld omdat ik een journalist bij me had die foto's maakte. Dat willen ze niet. Ze denken dat het misschien politiek tegen hen gebruikt kan worden. Natuurlijk hebben ze argwaan. Logisch. Zijn ze niet altijd bedonderd in het verleden? Ze denken: wat voeren die witten in hun schild? Het is toch al fantastisch dat de regering Undugu niet in de wielen rijdt, een project dat door blanken is opgezet. De blanken hebben de zwarten altijd veracht. Daarom zijn ze zo afwerend.'

Ik voel me rot. Ik wist toch dat je geen slums mag fotograferen. Wel zie ik opeens heel scherp de situatie waarin de pater zich bevindt, hoe hij voortdurend het klimaat moet aftasten en met oneindig geduld en tact laveren moet tussen de menselijke nood en de bereidheid om te helpen enerzijds en de vijandige argwaan anderzijds. De wispelturigheid waarmee die weegschaal naar de ene of de andere kant kan doorslaan – zoals bij het lemen schoolgebouw dat straks misschien van de ene op de andere dag moet verdwijnen. 'Maar als je geen tegenslag kunt incasseren dan kun je dit werk niet doen,' mompelt hij, misschien nog meer tegen zichzelf dan tegen mij.

Die man is net Sisyphus, denk ik, altijd bezig een loodzware steen de berg op te sjouwen – een werk zonder einde. Maar nee, hij is geen Sisyphus, hij is een realist. Van de beste soort. 'De waarachtige realist is diegene die de dingen niet alleen ziet zoals ze zijn, maar ook zoals ze zouden kunnen zijn', is een definitie.

'Wij willen niet vóór de mensen werken, maar mét de mensen,' zegt hij. En meteen is hij weer helemaal op dreef, zegt dat we ze niet ons westers etiket moeten proberen op te plakken, dat we ons moeten verdiepen in hun denk- en leefpatroon. 'Het is logisch dat de Kenyanen niet direct alles toejuichen wat van ons komt, dat ze niet altijd 'dankbaar' zijn. Het is vernederend een bedelaar te moeten zijn, en nog erger om afhankelijk te moeten zijn. Geld ontvangen maakt blij en boos tegelijk – een grote donateurenclub zei: die mensen moeten *dankbaar* zijn, maar dat is idioot – wij hebben een enorme ereschuld, we hebben ze altijd onderdrukt en behandeld als onmondige kinderen. Ze willen niet gezien worden als zielig en arm en ongeletterd, medelijden doet hun haat opflakkeren. Ze willen hun eigen identiteit en de erkenning daarvan.'

We praten over het schuldprobleem. Het kolonialisme.

Grol: 'Hebben we schuld? Ja, maar veel is gebeurd uit onwetendheid, ook weer ontstaan uit een bepaald patroon van denken, een bepaalde cultuur – de mensen dachten er niet over na, ze hadden geen idee van wat ze aan het doen waren. Maar het heeft geen zin daarover na te kaarten. Het "nu" vind ik belangrijk, en je eigen omgeving, daar moet je iets aan doen. Iedereen heeft recht op een goed leven vandaag, in dít leven, op deze aarde. Geen zoethoudertjes van "later in de hemel". De mensen moeten er nu op vooruitgaan.'

'En het christendom? Wat heeft dat voor goeds gebracht? Of kwaads?'

'We hadden het evangelie moeten brengen, maar niet al die wetten en spelregels die wij door de eeuwen heen hebben opgesteld en die soms nog uit de Romeinse tijd stammen. Dat zijn westerse wetten. We hebben het evangelie zich niet laten ontplooien in het Afrikaanse cultuurleven. Het was een vreemd element. Wij dachten vanuit ons denkpatroon. Seks was bij ons zondig, polygamie nog erger. Maar *uitbuiting* en *onrecht* stonden blijkbaar niet in ons blanke zondenboekje. Daar kon je dus je gang mee gaan. We hebben kerken gebouwd en gepredikt: Heb je naaste lief als jezelf. Maar de kerk is een burgerlijk instituut geworden. De prostituées hier in Nairobi mochten de kerk niet in en mijn Parking Boys ook niet, die waren te vies.'

De wieg van de mensheid

Wanneer je uit het groene hoogland rondom Nairobi komt zie je opeens de aarde onder je wegvallen, loodrecht zoals bij een steile klip aan zee. Maar het is geen water dat onder je voeten ligt maar een oplichtende roze schemerende zee van zand. De wereld lijkt op zijn kop gezet: je ziet beneden je gieren rondzweven op de thermiek. Met de loodgrauwe regenwolken nog boven ons hangend, rillend van kou in onze doorweekte kleren staan we op de rand van het gebergte te kijken naar die doodstille verzonken wereld als naar een fata morgana. Een convulsie heeft deze gigantische plooi in het aardoppervlak veroorzaakt en nog is de valleigrond niet tot rust gekomen, getuige de heetwater-geisers, de rookpluimen van sluimerende vulkanen, de dampingen en gistingen: dit is de Rift Vallei, de Grote Slenk, het litteken van duizenden kilometers lang in het aardoppervlak. Wanneer je op de kaart kijkt kun je de wederwaardigheden van dit continent daarop aflezen en zie je de barst lopen van de Zambezi rivier tot aan de Rode Zee, alsof dit oostelijk deel van Afrika bezig is zich af te scheiden van de landmassa om ooit – over miljoenen jaren? – zijn bestaan voort te zetten als eiland. En als schakels van een gebroken ketting zie je op de bodem van de slenk de meren liggen, sodameren, rijk aan algen die op hun beurt de ibissen en flamingo's voeden. Naar het noordelijkste daarvan: het Turkanameer, ben ik, samen met enkele reisgenoten, in een afgedankte legertruck op weg.

De warmte groeit bij iedere meter die we in de diepte af-
dalen. Onze natte jacks gaan uit en met welbehagen bieden we onze huid aan de warme savanne-wind. Later,
wanneer we ons kampement hebben opgeslagen, hang ik
mijn verfrommelde safaripak van Sporthuis Centrum en
mijn natte bh aan een touwtje tussen twee cactusachtige
wezens te drogen, en die hangen daar dan als vlaggen uit
West-Europa, argwanend bekeken door kieskauwende
verwilderde ezels en herderskinderen in bruine lappen.

De volgende dag overvalt ons een waanzinnige hitte.
Gele vlakten komen op ons toe rollen bespikkeld met
'koortsbomen', bladerloze acacia's die levend-dood lijken,
schimmen van zichzelf; eindeloze doornstruikvlakten vol
grijze spinsels: een afwachtende, doodstille oerwereld gehuld in een vreemd dubbelspel van licht dat de bergen
doet drijven als op hete luchtkussens. In lange snoeren
trekken ruggen van dieren door het hoge gras op weg
naar een waterplaats, ebbehouten mannen ernaast met
hun staf horizontaal over de schouders en hun handen
hangend over de uiteinden ervan. In de wolken zand die
onze oude legertruck opwerpt zie je hun rode toga's uit-
waaieren en hun tanden blinken in hun bestofte gezichten, terwijl ze hoesten en het stof uitspugen. Sjofel en arrogant zien ze eruit, hun ogen schitterend, ondoordring-
baar als steenkool; hun lange benen zonder een gram vet
op kuiten of dijen zijn geringd met koperen banden.
Naakte kinderen staan in een soort stolling van verbazing
naar ons te kijken.

Een legende komt me in de gedachten: hoe ooit hele
koninkrijken in de grond zijn verzonken en hoe men op
maanlichte nachten het gezang van die verdwenen mensen en het geklingel van koebellen nog uit de vallei kon
horen opklinken.

Legende en historische werkelijkheid gaan hier hand in
hand want deze slenk werd gevormd in een tijd dat er al

van menselijke bewoning sprake was. Zo moeten ook Sodom en Gomorrha zijn weggevaagd en misschien heeft het water van de Rode Zee zich in een van die stuiptrekkingen van de aarde werkelijk teruggetrokken om Mozes met zijn volk door te laten.

Ik heb het gevoel of ik afgedaald ben, niet alleen in een geografische afgrond, maar ook in een afgrond van de tijd, ik bevind me in een andere laag, op een andere verdieping. Dit is de woestijn van de prehistorie. Een heel andere woestijn dan die ik in Noord-Amerika doortrok. Daar werd de woestijn door snelle asfaltwegen doorsneden die ten doel hadden je veilig naar de andere kant te brengen. Daar waren het de Wildwestprairies, de oliepijpwoestijnen, die van Shell en Mobil Oil, die van het leegroven van de aarde, van het menselijk vernuft en de menselijke suprematie.

Hier is het of je de oertijd met je hand kunt aanraken, alles ligt er (ogenschijnlijk?) onveranderd bij; alleen wij rollen in onze truck voorbij, de tijd vertegenwoordigend, een momentopname. We rollen door dat eeuwige landschap van die eeuwige mens. Het is alsof je Abraham zou kunnen tegenkomen en je hoort de echo van Jahwe's stem in de heuvels: '...het ganse land dat je ziet zal ik aan jou geven en aan jouw zaad, voor altijd'. Het zaad en de verwekking en het altijd weeromkomen van dezelfde mens, gedurende duizenden jaren: en Seth verwekte Enos en Enos verwekte Kenan en Kenan verwekte... Een lange keten van verwekkers die je kunt terugvolgen tot in de prehistorie. Want hier, in deze Rift Vallei heeft de wieg van de mensheid gestaan, zeggen de antropologen. Hier zijn de alleroudste resten van menselijk leven gevonden. En het is of je door een gat in de tijd kijkt en de mensen ziet zoals wij eens allemaal geweest moeten zijn, levend in een zo eenvoudig en sterk verbond met de aarde.

Roomwitte runderen staan in een poel te drinken, de lucht vormt een eentonig blauw gewelf – niet het frisse blauw van ons noorden, maar een dof koortswekkend blauw dat te danken is aan de voortdurende hete stofnevel. Kleine voetpaden slingeren zich door de savannen, keihard als diamant, honderden jaren ingeslepen door diere- en mensenvoeten. Over heel Afrika loopt een fijnmazig netwerk van voetpaden van de ene kraal naar de andere, van de ene waterplaats naar de volgende. Soms maken die paden een omweggetje waar ooit een boom of een olifant over de weg viel, de inboorling liep daar dan omheen en zo zijn ook nu die kronkels nog aanwezig, terwijl de aanleiding daartoe al lang tot de aarde terugkeerde.

In statige processie zie ik een kudde giraffen op de einder lopen, als zij gaan galopperen bewegen hun halzen in slow motion heen en weer als de masten van schepen op een trage golfslag. 'Chimère' werd het dier genoemd door de eerste kruisvaarders die het onder ogen kregen: hersenschim. Maar de naam giraffe is een verbastering van het Arabische 'Serâfe', de liefelijke. Ik zie de lange violette tong van 'de liefelijke' zich behendig rond de hoogste twijgen van de acacia's krullen, ik zie zijn hals diagonaalsgewijs in het landschap hangen, en de lang bewimperde ogen mij aanstaren vanuit een koortsbomenbos. De Romeinen waren stomverbaasd toen zij dit fabeldier voor het eerst zagen optreden bij de kampspelen van Julius Caesar. Een succes dat het steevast met de dood moest bekopen. Want net als de leeuwen en de olifanten stierven zij met honderden tegelijk op het zand van het Colosseum. Op dat moment begon de massacre van deze grote zoogdieren, zodat er al heel spoedig geen exemplaren meer boven de Sahara te vinden waren. Maar hier zie ik hem nog: de chimère wandelend op de einder.

Ik verbaas me over de fantastische schutkleuren van de dieren. Overal verbergt het doods uitziende landschap wild dat je pas in de gaten krijgt als het wegspringt. De wit en zwarte strepen van de zebra – de hippotigris, het tijgerpaard – smelten samen tot een grijs of hebben het effect van lichtbundels door struikgewas. De pootjes van dikdiks staan als uitgebleekte takjes in de bush, impala's verraden zich pas wanneer zij met de poten dicht onder de buik getrokken opeens uit het gras omhoogspringen, zwevend zoals wij alleen maar doen in onze dromen. Struisvogels wandelen tussen de gazellen en rekken hun kale slangenekken om als schildwachten de horizon af te speuren. De dieren zoeken elkaars nabijheid om beter tegen roofdieren beschermd te zijn. Onze truck is een grof bulderend monster in deze fragiele, uitgebalanceerde wereld. Alles vlucht en verdwijnt in het niets, met een beschermend gebaar neemt de wildernis die lichamen weer in zich op.

Een zwak vlammetje van 'beschaving': sigaretten, whisky en een rozenperk op het erf, de 'shamba' van een Brit die zich hier tussen de plaatselijke bevolking gevestigd heeft. Hij is een overblijfsel van het Engelse protectoraat. Zijn rozen zien er stijf en arrogant uit. Zou hij die geplant hebben uit heimwee naar Groot-Brittannië? We zetten onze tenten op binnen de doorntakomheining die van hetzelfde type is als waarbinnen de Masai en Samburu hun geiten houden. Een bruin meanderend riviertje heeft hier een strook weelderige jungle in leven geroepen en dat heeft weer dieren en mensen aangezogen; je hoort overal vogelgeluiden als drilboren, krakende deuren of gorgelend water, met snijdende kreten weer daartussen, ook genoeglijk geklok van menselijke stemmen en het gedrein van een onzichtbare baby. In de opening tussen de doorntakken verdringen zich donkere gestalten met smalle ledematen als van zwarte mannequins en met kleine gladgeschoren hoofden door een kralenband omgeven: de

Samburu-vrouwen, de koninginnen van de woestijn. Ze mogen niet binnen de omheining komen, maar hopen iets te kunnen verkopen: hun eigen beeltenis of een zelfgemaakt souvenir. Ik ruik de lucht van het geitevet waarmee zij hun lichamen insmeren, we lachen verlegen naar elkaar en zij proberen mijn hoed op te tillen om mijn blonde haar te zien. 'Habari?' vragen ze (Hoe gaat het?). 'Nzuri sana.' (Heel goed.) Ik neem een foto. Maar wanneer ik de oudste van hen een vijf-shillingbiljet aanbied ontstaat er een enorm gekrakeel en wordt het papiertje mij verachtelijk onder de neus geduwd. Ze weten niet dat het ook geld is. Hun dunne takachtige vingers graaien in mijn tas: munten moeten het zijn.

Om zeven uur valt de nacht. De maan komt op en de bush wordt bleek en geheimzinnig. Er brandt een groot vuur op de shamba en er walmen zwarte kookpotten op een ijzeren rooster. Onze Afrikaanse boy kookt het eten.

De zwarte kookt voor de blanke, voor mij kookt een zwart iemand. Het geeft me een gemengd gevoel, romantisch enerzijds: ik ben de blanke memsahib in een Hemingway-verhaal, of Karen Blixen op een van haar safari's. We zijn altijd nog: de Enorme Blanken, de Blanken die bediend moeten worden, de Blanken met het geld. Het zijn dan wel geen slaven meer die ons bedienen, maar toch. Je betaalt ze in shillingen. Zijn het de oude slaven-shillingen die terugrollen naar Afrika? Hele steden werden in de vorige eeuw gebouwd van het geld dat de slaven opbrachten. Ik heb een verhaal gelezen over een acteur in Liverpool die van het podium af verkondigde dat iedere steen van hun ellendige rotstad gecementeerd was door het bloed van slaven. Die man werd bijna gelyncht. Maar hij sprak de waarheid. Voor goedkope katoentjes werden miljoenen mensen gekocht (2 el per man) en de Nederlanders verpakten ze als sardientjes in speciaal geconstrueerde boten en verscheepten ze naar Amerika.

Nee, het Karen Blixen-gevoel is prettiger. 'Out of Africa'. Afrika als paradijs (voor de blanken). Nu bijna verloren. Maar toch zit ik hier nog. Voel de warmte die van het fijne witte zand afslaat, ruik de geur van schapevlees, gebakken in olie en kruiden, nip aan mijn whisky.

In de vroege ochtend slaat William, onze chauffeur, een Luo afkomstig van het Victoriameer, met een pollepel op een pandeksel, galmend met zijn diepe gebarsten stem: 'Break-and-fast, break-and-fast!', fungerend als porder. Ik ruik de dauw en de geur van verbena, een blauwglanzende spreeuw loopt als een levend juweel over het witte zand. Ergens achter de doornhaag vandaan klinkt een langgerekt gezang, althoornachtig van timbre, door gescandeerde uitroepen onderbroken. 'Wat heeft dat gezang te betekenen?' vraag ik aan de Brit, onze gastheer.

'Dat zijn Samburu die thuisgekomen zijn, my dear,' zegt hij. 'Ze zijn vier tot zes maanden weg geweest. Ze gaan naar de top van de berg en verbouwen daar maïs en een heel kort soort graan. Als ze de regens verwachten komen ze naar beneden. En nu zingen ze omdat ze blij zijn weer thuis te zijn.'

Klauterend van steen op steen loop ik door de rivier in de richting van het gezang, wadend door ondiepe poelen of veesporen volgend langs de oever. Ik hoor geritsel van een dier in de ondergroei, geklok van een honingkoekoek, het snuiven van zeboes die naar het water komen om te drinken en verbaasd hun tred inhouden wanneer ze mij in de gaten krijgen, hun vetbult scheefhangend op hun rug (het eeuwige rugzakje waarmee ze de savannen bewandelen).

De zangers zitten in een kring onder een boom. Ze zien me niet. Ik sta aan de overzijde van de rivier achter lianen. Dit is Afrika, denk ik: deze woekering van planten, de diepe schaduw, de ontspannenheid van die mensen daar, in hun lichamen en hun stemmen, met een bewustzijn, een gewaarzijn van dingen dat wij niet meer bezitten. Een man komt met zijn staf naar het water lopen. Hij legt zijn rodekoolkleurige kleed af om naakt te gaan baden in een ondiepte onder een kleine waterval. Neerhurkend kijkt hij langdurig naar de rivier, brengt het water in de kom van zijn handen naar zijn lippen en drinkt plechtig. Hij opent zijn mond en begint te zingen, luisterend naar het antwoord van de mannen onder de boom. (Dit is de plaats van God – is mij verteld.) Dan werpt hij zijn lap weer om met een minimum aan gebaren en is hetzelfde ogenblik achter de bush verdwenen. Opnieuw treft me de wonderbaarlijke intimiteit tussen lichaam en vegetatie, de versmelting.

We rijden het Northern Frontier District binnen – een oude naam die afstand en isolement aanduidt: nog altijd een van de dunst bevolkte gebieden op aarde. 'Dust devils', rechtstandige wervelstormpjes steken de kop op om over het zand te racen en zich op even onverklaarbare manier weer neer te leggen. We houden zakdoeken voor onze mond om de lucht te filteren. We rijden nu het land van de dromedarissen binnen, je ziet ze rondwielen in de stofwolken, met hun scharminkelige jongen in een rondedans om hen heen, of ze draven onbeholpen voor ons uit met hun oudevrouwenbenen in te grote pantoffels.

Opeens staat er een zwarte soldaat met een geweer tussen zijn knieën tegen een termietenheuvel geleund, een rode baret op zijn krullekop en geiteharen patroonzakjes aan een touw rond zijn middel. We worden gesommeerd te stoppen. Er klimmen een paar kerels bij ons aan boord. Het lijkt of we in een Bananen-republiek beland zijn. Er zijn roversbenden in de buurt gesignaleerd: de beruchte

Ngoroko's. Deining in de truck, de een probeert zijn camera te verstoppen, de ander stelt voor dat we ons onder de tentzakken verbergen in geval van een vuurgevecht. Het lijkt of we in een toneelstuk meespelen. Wanneer heb ik in mijn leven nou roversbenden ontmoet? Ali Baba en de Zeven Rovers, ik zie me al in een harem gestopt, je moet toch iets meemaken als schrijfster, mijn pen wil graag iets sensationeels beschrijven.

William, de Luo, overlegt met de soldaten. Zij blijken bij een detachement van het officiële Kenyase leger te behoren dat hierheen is gestuurd om het district uit te kammen. 'De plaatselijke politie is scared stiff,' zegt William geringschattend tegen ons, 'want die kan niet met stenguns omgaan.' Vorige week vielen er eenentwintig doden bij een overval op een dorp, maar het leger ving twaalf Ngoroko's – die zullen niet meer op rooftocht gaan. Hij mimeert hoe de rovers met touwen rond de nekken aan elkaar werden vastgeknoopt. Nee, het is geen spel. Ali Baba van het kindersprookje bestaat niet meer.

Wie zijn die Ngoroko's? Benden van veedieven afkomstig van verschillende stammen: Turkana, Samburu, Pokot. Noordelijker, aan de grenzen van Ethiopië en Somalië opereren weer andere benden zoals de Shifta's die voornamelijk uit gedroste militairen bestaan die van over de grenzen infiltreren; die hebben de beste geweren uit Rusland. Andere groepen hebben weer verouderd schiettuig uit Amerika. Sommigen zijn erg goed getraind, zoals de Soedanezen. Dat de woestijn er nog ongerept bij zou liggen in zijn schoonheid, zijn subtiel evenwicht, dat is een illusie. Want overal worden langs sluipwegen de afgedankte wapens binnengesmokkeld van alle koude of voorbije oorlogen van de grote mogendheden rondom, en ook hier begint het spel van bloed en terreur.

Vroeger stalen de Turkana-stammen spijkers voor hun

pijlen, maar vuurwapens zijn dodelijker. Vroeger was veeroof een normaal verschijnsel, want in tijden van catastrofale droogte moest een stam wel vee stelen om te overleven, er had dan een soort herverdeling plaats. Soms werd er ook gestolen voor rituele doeleinden en om de jonge moranen (krijgers) wat ervaring te laten opdoen. Maar deze benden leven niet meer in stamverband, ook zijn ze ongrijpbaar omdat ze weer uitwijken over de grenzen van Oeganda, Ethiopië en Somalië. De nomadenstammen in de onrustige driehoek rond het Turkanameer gaan zich steeds meer bewapenen uit zelfverdediging. De chaos is geboren. Geweld roept geweld op. De regeringsfunctionarissen zien die ontwikkeling met lede ogen aan, verordonneren dat de woestijnstammen hun wapens moeten inleveren en sturen er strafexpedities op af. Onlangs is er nog gemarteld door het leger, meldde de *Nairobi Times*. Wie heeft het recht aan zijn kant? De stammen die ontwapend worden zijn weerloos tegen de rondzwervende benden, en zonder hun vee zijn ze tot ondergang gedoemd. Het oude evenwicht is verstoord. Olifanten, giraffen, nomadenstammen, allemaal gaan ze ten onder in het verwarde en verstikkende netwerk van de politiek.

Maar ook op andere manieren worden deze stammen bedreigd. De Kenyase regering heeft geen enkele neiging om traditionele culturen te conserveren. Wat wij met onze Europese ogen authentiek noemen, wordt hier 'wild' genoemd, en 'wild' hoort niet (dat dachten wij vroeger ook). Onlangs heeft president Arap Moi de Pokot-stam aangezegd dat zij zich eindelijk maar eens fatsoenlijk moesten kleden en een broek aantrekken. De Beschaving begint met de broek, dat predikten de missionarissen al. De stamkleding moet verdwijnen.

Deze nomadenvolkeren is geen lang leven meer beschoren. Elke vorm van ingrijpen en zelfs van 'hulp' blijkt de ecologie hier wezenlijk te verstoren. Wanneer er nieuwe waterputten worden geslagen dan trekken die meer mensen en vee aan zodat er in de omtrek van zo'n put geen blad de kans meer krijgt boven de grond te komen, zo'n afgevreten gebied eindigt dan, behalve met een lagere grondwaterstand, als onbruikbaar voor mens en dier.

We rijden door een niemandsland.

Met het geweer in aanslag hangen onze zwarte beschermengelen over de randen van de laadbak om de horizon af te speuren naar tekenen van onraad. Achteraf verdenk ik ze ervan gewoon te hebben willen liften, want ergens waar een kaduke militaire transportwagen in de woestijn staat, met een paar kerels die eronder liggen te sleutelen, springen ze als vlooien weer van onze truck af. De sleutelaars kruipen onder het vehikel vandaan om naar ons te wuiven. 'How is Kenya?' roepen ze. En wij: 'Beautiful! Nzuri sana!'

Met zwart lavagesteente bedekte vlakten. Sombere leegte. Helse hitte. Eén enkele boom als een grijs zeilschip op een gestolde zee. Iets noodlottigs hangt er onder het uitspansel, een soort massief isolement.

Hoe moet dat zijn: hier leven en hier sterven? Je handvol botten neerleggen na een leven lang zwoegen om een hap eten, om van dag tot dag dat vlees van je in stand te houden – zonder enig uitzicht, zonder toekomst voor je kinderen. De Droogte, die schrikwekkende metgezel altijd naar je loerend, en de plunderende veedieven altijd ergens achter de horizon. Je botten neerleggen – botten hebben geen gevoelens.

Ik zit op een steen mijn scheenbeen te wrijven dat in gevoelige aanraking is gekomen met de zijkant van de laadbak toen onze truck kapseisde in een droge rivierbedding. De mannen zijn bezig stenen te verzamelen om die onder de wielen te leggen en zo het vehikel weer vlot te krijgen. Zweet loopt onder mijn haar vandaan en mijn ogen prikken van het stof. – 'Het is niet uitsluitend plezier, dat ontdekkingsreizen,' noteerde Livingstone in zijn dagboek. Een prachtig understatement als je bedenkt dat hij toen al doodziek in een hangmat door de jungle werd gesjouwd. De blaadjes van mijn notitieboekje zijn rood en voelen korrelig aan onder mijn vingers. David Livingstone schreef op elk stuk papier waar hij maar de hand op kon leggen, met grote hanepoten dwars over de drukinktletters van vergeelde kranten, of in de witte marges van oude boeken die hij vervolgens afsneed en met een touwtje samenbond. Nu nog liggen die vodjes papier samen met de beroemde pet die zijn hoofd gedekt heeft in een vitrine in het British Museum, en je kunt uit die verbleekte krabbels zijn verbazing lezen, zijn nuchtere constateringen, zijn verontwaardiging, zijn humor, geloof, alles wat die ogen waarnamen, de planten die zijn vingers uiteenplozen – welke obsessie dreef die man? Tot de dood erop volgde? Wat was die drang, die passie om voort te gaan onder de allerellendigste omstandigheden? Allemaal hadden de ontdekkingsreizigers wel een antwoord, maar geen daarvan was afdoende. Wat was het doel? Iedereen reist; niemand komt werkelijk aan.

Veel Afrikanen begrepen niet waarom die blanken zich zoveel moeite gaven. Als ze zoveel geld bezaten dat ze expedities konden uitrusten en dragers huren, waarom gebruikten ze het dan niet om er plezierig van te leven, rustig op één plek? Waarom die inspanning? Een inheems stamhoofd vroeg eens aan Samuel Baker die op zoek was naar het grote meer waaruit de Nijl zou ontspringen: 'Veronderstel dat u bij het grote meer komt, wat wilt u er dan mee doen? Wat voor nut heeft dat dan? Als u ontdekt dat de grote rivier eruit stroomt, wat dan?'

Reizen is natuurlijk geen nieuwe ziekte, maar zo oud

als de wereld, het was van oudsher een symbool voor het oversteken van de levenszee en het overwinnen van de moeilijkheden daarvan. Je moest iets van het leven te weten komen, tegelijk jezelf testen en trainen, afharden. Livingstone wou aanvankelijk Afrika openleggen voor 'het stralende licht van het christendom' en de slavernij aan de kaak stellen. Maar toch denk ik dat het zijn onverzadigbare nieuwsgierigheid was die alle andere beweegredenen overvleugelde. Het mooiste van de hele historie vind ik dat zijn hart – zijn fysieke hart – in Afrika bleef, want toen hij kort na de legendarische woorden: 'het is niet uitsluitend plezier, dat ontdekkingsreizen', de geest gaf, sneden zijn twee trouwe helpers Susi en Chuna zijn hart en ingewanden uit het lichaam en begroeven die onder een boom. En net zoals je doet bij een stokvis wreven ze zijn lichaam in met zout en droogden het in de zon, waarna ze het gedurende acht maanden over bergen en door woestijnen, door moerassen en jungles naar Zanzibar droegen om het daar aan de autoriteiten over te dragen. Vandaar ging het scheep naar het thuisland. Maar zijn hart bleef in Afrika.

Prachtige dandy's komen naar onze truck toe rennen, vechthanen met veren in het haar gestoken en schitterende kralen rond hun rechte zwarte nekken: kameelherders van de Rendille-stam. Hun dieren dringen schrikachtig tegen elkaar aan, de lucht snuffelend met half dichtgeknepen ogen; je ruikt hun stank. Soms gaat een kameel er plotseling vandoor op hoge benen als een steltloper, andere brullen. Ze speuren water. Hun jongen liggen als wittige heuveltjes op het zand, wonderlijk goed harmoniërend met het kleurengamma van lucht en grond. De Rendille-moranen vullen hun kalebassen aan het kraantje van onze tank (we hebben voor een week water bij ons, evenals brood – dat wordt een beetje schimmelig). Neerhurkend in de smalle strook schaduw die de truck op de grond werpt, drinken ze het lauwwarme vocht, gulzig, zonder opzien. Dan laten zij het over hun kinnen stromen, lachend, juichend opeens. Met hun lange lansen waarop donsveertjes van struisvogels sidderen, springen ze rond onze auto als rond een heilige olifant of de Truckgod van het water. Mensen gesneden uit prachtig materiaal. Je ziet hun woestijnhuid, hun woestijnogen met die felle vonk erin, iets van de desperadogeest. Maken de grond, de zon, de horizon de mens? Hebben die hem eeuwen-lang gevormd, opgetrokken, bot voor bot? Hebben die hem die lange loopbotten gegeven om aan de catastrofen van het klimaat te ontkomen? Hun haren zijn met rode leem bestreken en gemodelleerd tot een stijve pruik waar-aan dan weer kleine versierselen hangen. Ze hebben een neckstool bij zich, een uitgehold klein bankje waarop ze hun nek kunnen laten rusten bij het slapen, zodat hun kapsel niet verfomfaaid zal worden. Een van mijn reis-gezellen koopt zo'n neckstool als aandenken en meteen vangt er een levendige handel aan. Ik koop een lange gebogen koehoorn met kwastjes van giraffeharen. Maar het geheim zit binnenin, want nadat ik een leren deksel-tje aan de onderzijde heb opengemaakt haal ik er een trillende struisvogelveer uit; die woont in die hoorn als een geest. Waarom? Wat is daarvan de betekenis? De struisvogelveer was van oudsher het symbool voor waar-heid en recht; de godin Maa van het oude Egypte, die de godin was van de rechtvaardigheid, droeg zo'n veer in haar hoofdtooi. Maar wat die veer in mijn koehoorn doet, dat zal ik wel nooit te weten komen. Afrika heeft nog niet al zijn geheimen geopenbaard en misschien zal het dat nooit doen, zal het die meenemen in het atavistisch graf.

De struisvogels zijn de dansmeesters uit de vogelwereld. Ze vouwen soms onaangekondigd hun vleugels open met een geruis dat op een windvlaag lijkt, ze worden bloemruikers waaruit de steel rechtstandig omhoogsteekt, en daaronder wordt fantastisch voetenwerk verricht.

Ik kende de struis uit het dierenpark in Wassenaar, maar daar leek hij zo mottig, zijn vleugels hingen apathisch naar voren en lieten daaronder pukkelig kippevel zien, een melkig vlies knipte voor zijn oog alsof hij een tijdopname maakte van de wereld achter de tralies, en dan die lelijke neusgaten in die platte kop waarin onmogelijk veel hersens konden zitten – alles triestig onder het gedruip van de Wassenaarse bomen. Maar toch, gehoor gevend aan de roep van de natuur hadden de struisen daar, op de drabbige grond, een ei gelegd, een wit championachtig geval, geheel en al misplaatst en ook verwaarloosd kwam het me voor, want geen van de vogels maakte aanstalten het al enigszins groezelig resultaat van hun liefde met het eigen lichaam te verwarmen (overigens schijnt het voornamelijk het mannetje te zijn dat zich met het broeden belast).

Wij zagen voor onze truck uit, in het zandspoor dat naar de horizon leidde, een struisvogelpaartje kuieren, net als een echtpaar op zondag met hun kroost tussen hen in. De kleintjes leken op egels doordat ze met stijve pennen bezet waren die alle kanten uitstaken, en ze renden hierheen en daarheen door de plukken verschroeid gras. Vlak voor onze auto stonden de ouders plotseling stil, zenuwachtig. Ook wij hielden stil. Toen liep het mannetje om de truck heen en haalde daar een jong vandaan dat achter was gebleven. Wat zorgzaam, dacht ik vertederd. Het wijfje en de haan keken naar elkaar, terwijl hun snavels open en dicht gingen alsof ze samen overlegden – ik zag het bewimperde oog van het wijfje, vochtig en zwart als een waterbron, een juweel gezet in die onooglijke vogelkop, toen hief ze haar grote poot op met de tweeteensvoet en de scherpe nagel en trapte de achterblijver dood,

44

ze keek even of hij wel dood was, trapte nog een keer, en toen gingen ze verder. Waarom? Was het een zwakkeling? Had hij de familie in gevaar gebracht door ongehoorzaamheid of onaangepastheid? Een drama in een notedop. Of waren wij het die door onze aanwezigheid deze executie hadden bewerkstelligd?

Het moet zo'n vijfentwintig jaar geleden geweest zijn dat ik in een boekenstalletje aan de Seine een in leer gebonden deeltje van Guizots *Histoire de France* ontdekte: deel XIII. Ik bladerde er wat in, eigenlijk alleen voor het genoegen om zo'n nobel boekje met fraaie typografie en met die typische roestrode spikkeltjes als van rooie hond op de pagina's in mijn handen te houden, tot ik plotseling verrast begon te lezen: 'Sommige mensen hebben slechts één voet, maar lopen desalniettemin heel vlug. De voet is zo groot dat zij met de zool een schaduwrijke plek kunnen maken om zich te hoeden tegen de hitte van de zon, en onder dit dak kunnen zij rusten als in een huis.'

Mijn begeerte was opgewekt en na enig afdingen kreeg ik het intrigerende boekje in mijn bezit. Het bleek het geschrift te zijn van een zekere Jacques de Vitry, een kroniekschrijver van een kruistocht in de twaalfde eeuw die zijn lezers introduceerde in de exotische wereld van Klein-Azië en Afrika waarvan in die tijd nog weinig bekend was. Soms ontleende hij zijn gegevens aan Plinius, Augustinus of Herodotus, andermaal had hij zijn kennis van horen zeggen. – 'Maar,' zo stelde hij zijn lezer gerust, 'er schuilt geen enkel gevaar in het geloven van zaken die niet strijdig zijn met het christelijke geloof, vooral wanneer zij getuigen van goede moraal. Want wij weten dat alle werken van God bewonderenswaardig zijn.'

Al lezende kwam het mij voor of ik een Tuin der Lusten was binnengestapt, een Jeroen-Boschwereld waarin allerlei schepsels in een huwelijk tussen fabel en werkelijkheid verwekt waren – hier had je de smeltkroes waaruit zoveel creaties van schilders door alle eeuwen heen, van Bosch tot Dali, en schrijvers, zoals Edgar Allen Poe en Kafka, ontstaan waren.

Er zijn mannen die rauwe vissen eten en zout zeewater drinken en die acht tenen hebben aan iedere voet. Sommige hebben een hondekop en kromme nagels en zijn gekleed in schapevachten en laten niets anders horen dan hondegeblaf. Men ziet er die zo'n kleine mond hebben dat zij slechts vloeibaar voedsel tot zich kunnen nemen door middel van een rietje of buisje. Andere voeden zich met menselijk vlees en volgen het spoor van mensen totdat dezen een of ander water hebben overgestoken.

Een aantal heeft geen ogen in hun hoofd maar in hun schouders, terwijl zij in plaats van oren en neus twee openingen in hun borst bezitten; ze zijn trouwens net als dieren met een vacht bedekt en dat maakt ze afschrikwekkend om te zien.

Er zijn er die enkel en alleen van de geur van een bepaalde vrucht leven; als ze ver moeten reizen dragen ze die vrucht altijd met zich mee. Anderzijds gaan ze dood wanneer ze een nare stank ruiken.

Men vindt in een rivier vrouwen die erg mooi zijn maar hondetanden bezitten die sneeuwwit zijn. Er zijn wilde mannen, heel groot, vlezig als varkens, die bulken als wilde dieren. In bepaalde bergen wonen pygmeeën, mensen die niet langer worden dan twee elleboogslengten en die in oorlog zijn met de kraanvogels. Ze baren kinderen als ze drie jaar oud zijn en zijn bejaard als ze acht zijn.

De panters lijken beschilderd te zijn met witte en zwarte vlekken, ze verspreiden een geur waar andere dieren erg gevoelig voor zijn en die hen aantrekt om hun spoor te volgen. Wanneer zij hun buit verslonden hebben blijven zij drie dagen en drie nachten in hun hol en werkelijk, wanneer zij wakker worden en zich uitrekken en brullen komt er uit hun muil een buitengewoon heerlijke geur, oneindig aangenamer dan de kostelijkste aroma's, en zo trekken zij door de zoetheid van hun adem vele dieren aan, behalve de slangen die door aangename geuren gedood worden.

De vrouwelijke panters baren slechts één enkele maal want als zij op het punt staan te baren wachten de jongen hun tijd niet af, maar verscheuren de schoot van hun moeder met hun nagels zodat deze niet opnieuw kan baren.

De rinoceros bezit een hoorn van wel vier voet lang waarmee hij andere dieren de buik openrijt. Niemand kan hem vangen, hij sterft alleen van woede, of hij kalmeert wanneer een jonge maagd haar borst voor hem ontbloot – dan grijpen ze hem.

De lynx heeft een zo doordringende blik dat men zegt dat hij daarmee lichamen kan doorboren. Zijn urine wordt veranderd in een kostbare steen die men 'lyncurius' noemt. Daarom verbergt de lynx uit naijver zijn urine onder het zand omdat hij niet wil dat deze op enigerlei wijze voor de mens van nut zou kunnen zijn.

De hyena is een heel wreed dier, hij graaft lijken op, hij volgt herders om te leren hoe de menselijke stem te imiteren en 's nachts doet hij die stem na en trekt zo de mensen aan die hij verslindt. Hij imiteert ook de mens in geluiden zoals snikken, jammeren en pogingen tot braken. Hij verscheurt alle honden die hij tegenkomt, deze zijn onmachtig te blaffen zodra zijn schaduw over hen heen valt. Men vindt in de ogen van de hyena een kostbare steen die zijn naam draagt.

De basilicus is een fabelachtig kruipdier. De naam betekent in het Grieks: kleine koning. Hij is slechts een halve voet lang maar zijn adem is dodelijk, evenals zijn blik. Hij heeft witte vlekken, de grond onder zijn voeten

verbrandt. Wanneer men in een huis een heel klein stuk-
je van zijn lichaam bewaart, vindt men daar nooit slan-
gen, vogels of spinnen.

Sommige woorden hebben op een adder een betoveren-
de uitwerking die de werking van zijn gif tenietdoet.
Wanneer hij degene ziet aankomen die deze macht over
hem kan uitoefenen legt hij zijn ene oor tegen de grond
en bedekt het andere met zijn staart om de woorden niet
te horen.

De schorpioen, zegt men, heeft een hoofd bijna gelijk
aan dat van een jong meisje en geheel wit van kleur, maar
zijn staart is gewapend met een zeer giftige naald of ste-
kel.

De phoenix is prachtig om te zien, zijn ogen en zijn
vlerken zijn prachtig. Hij heeft een kroontje op zijn
hoofd zoals de pauw, zijn hals is goudgeel, zijn borstveren
zijn roze maar nemen naar de staart toe een meer purpe-
ren tint aan, terwijl de staart zelf azuurblauw is. Hij leeft
vele jaren maar wanneer hij zich oud voelt worden gaat
hij naar een zeer hoog gelegen plek waar een grote fon-
tein zeer helder water spuit en waar aan de rand van de
fontein een zeer hoge boom staat. Boven op die boom
maakt de phoenix een nest of graftombe waarin hij aller-
lei aromatische kruiden verzamelt; daarop plaatst hij
zich in de hitte van de zon en slaat met zijn vleugels. Hij
verbrandt zichzelf en stijgt vervolgens uit zijn as op, ge-
heel verjongd.

De zon gaat onder en de wind steekt op. Als een bulderende geest, een tyfoon, verheft hij zich uit het donker geworden groene meer en snelt naar de achter ons liggende afkoelende steenwoestijn. Alles raakt hysterisch in beweging, alles buigt en zoeft en de kurkdroge palmbladeren wrijven tegen elkaar met een geluid van schuurpapier. Gehypnotiseerd zit ik te luisteren, het lijkt of er een expressetrein over mijn hoofd voorbij raast. De maan komt op en door een spleet in het tentzeil zie ik vlakbij mij de zwarte voeten van de askari staan, alsof die daar wortel hebben geschoten. Uren staan ze daar, verzilverd door maanlicht tussen de bewegende zwarte schaduwen van een palmachtig gewas (waarvan de bladeren zo scherp zijn dat ze je een vinger kunnen afsnijden).

Ik moet me verzetten tegen een gevoel van onheil waarvan ik de aard niet ken; steeds kijk ik naar die voeten – opeens zijn ze weg en even twijfel ik of ze er ooit werkelijk geweest zijn. De maan is omhooggeklommen en heeft de wind bezworen.

Bij het opgaan van de zon komen er sjofele oude Turkana-mannen naar ons kamp. Ze houden roestige blikjes tussen hun handen en laten halfedelstenen zien die daar in een bodempje water liggen te schitteren, het water dient om de kleuren beter te doen uitkomen. Een van de kristalstenen heeft de vorm van een opengesperde krokodillebek en de oude man laat ter verduidelijking zijn eigen tanden klapperen: crocodile, yes yes, crocodile... Ik heb de koop nog niet afgesloten of de askari komt met

zijn lange lans in de hoogte geheven dreigend op ons af –
hij moet zich waar maken, de blanken mogen niet worden lastig gevallen, ik zie zijn geweldige schouders met
de spierzwelling bij de aanhechting van de hals als van
een boze cobra. De ouden druipen als honden af.

De Turkana – teerzwarte boomlange mannen van ge-
middeld twee meter – hebben lang tot het rijk der fa-
belen behoord, het zouden buitensporig wilde bloed-
dorstige reuzen zijn, werd er van hen beweerd. Zij woon-
den in het rijk van geheimzinnige koningen en gedroch-
ten, dat wil zeggen op de witte vlek op de kaart van Afrika, aan de oevers van het laatste onontdekte grote meer.
Tot in 1888 twee Hongaarse ontdekkingsreizigers, graaf
Teleki en Ludwig von Höhnel kwamen aanwandelen en
het grote meer, met al zijn schiereilanden en inkervingen
en al zijn vreemde mythologische overblijfselen uit de
oertijd, in kaart brachten en inlijfden bij onze moderne
tijd. Nu ligt het netjes van een etiket voorzien op zijn
plaats en is er niets meer onbekend of raadselachtig. De
tijd van de ontdekkingsreizen door donker Afrika is
voorbij.

Een witte vlek op de kaart – en toch is het alsof je je
in dat wit begeeft; alsof het nog altijd wit en ontoeganke-
lijk en verblindend is wanneer je daar staat en het meer
aan je voeten ziet liggen. Het geeft je een schok. Van
stilte. Van confrontatie. Je voelt het absolute – het absolute van die twee werelden, de ene die achter je op-
houdt: de gestolde verschroeide woestijn, en de andere:
die van het vloeiende geheimzinnige water. De botsing
van twee uitersten. Als je naar het water kijkt besef je:
hier ligt een *aanwezigheid*. Alsof er iets door die stilte
en de gespannenheid van dat watervlies aan je wordt geopenbaard; je begrijpt opeens waarom de verdorstende
woestijnstammen aan het meer bovennatuurlijke eigen-
schappen hebben toegekend. Want de hele Afrikaanse

mythologie wemelt van watergeesten en heersers van onderwaterrijken, die de mens konden straffen of welgevallig zijn.

Het is een grillig meer, zeggen de vissers, gevaarlijk door de onvoorspelbare wind, het eist regelmatig slachtoffers. Het meer is gulziger dan de krokodillen die zich in de laatste tien jaar slechts twee keer aan een mens hebben vergrepen. Vroeger, heel ver terug in de oertijd, zou er een verbond hebben bestaan tussen de krokodillen en de vissers die nakomelingen zouden zijn geweest van een krokodil en een vrouw – daarom waren krokodillen als prooidieren taboe, terwijl zij van hun kant de mensen met rust lieten. Ik zie die oude stamvaders met hun gerimpelde hoornige huid als stenen zo stil in de zon liggen bakken, terwijl de witte reigers, de egrets, – hun mondhygiënisten – op hun rug gezeten het meer afspieden.

Bij een inham waarvan wordt beweerd dat er nooit krokodillen zijn gesignaleerd – per slot van rekening behoren wij niet tot de bondgenoten van die oude sauriërs – ga ik, samen met mijn reisgenoten, voorzichtig een bad nemen. Er komen drie naakte zwarte Turkana-jongetjes aanhollen, met schuine felle oogjes: kemphaantjes, toekomstige krijgers. Ze missen tanden want ze zijn aan het wisselen. Een blijft schuw op de oever, maar de andere twee gaan met de grote witte mannen in het water spelen; die tillen de jongetjes op hun schouders en beginnen een spiegelgevecht. Ze lijken op centaurs, wit van romp en zwart van bovendeel. Worstelend omvatten de kleine zwarte ruiters elkaar, pogend hun tegenstander van zijn hoge zitplaats naar beneden te doen tuimelen. De witte mannen hijgen en lachen, de Duitser roept met bulderende stem: Germany contra Africa! De jongetjes vallen in het water, worden ondersteboven aan hun benen vastgehouden – hun lichamen zo nat en glimmend alsof ze zojuist uit de moederschoot zijn komen glijden.

Loyangalani (aan de oostkant van het meer) betekent: plaats van de bomen. Het is een oase rond een bron van helder water – het Turkanameer zelf is brak, er groeit dan ook niets op de stenige oevers. Onder de palmen is de grond opeens weldadig groen aan je ogen, er staan ezeltjes in waterpoelen, krijgers met indigoblauw geverfde haren zitten in de schaduw Mwabo te spelen, een spel dat je in heel Afrika tegenkomt en waarbij noten in de uithollingen van een lange plank worden geworpen. Ik zie vrouwen met rokken of voorschoten van dierehuiden, zwarte slierten vacht hangen langs hun benen, hun buiken zijn versierd met rituele littekens – die zouden de seksuele opwinding vergroten. Het lijken Koptische lettertekens, of door de verhogingen boven de huid een soort brailleschrift; voor de vingertoppen van de geliefde in het nachtelijk donker misschien? Wat voor boodschap zouden die tekens doorseinen?

Een dorpsomroeper slaat op een trom om de aandacht op ons te vestigen, op halfzingende toon vertelt hij het nieuws van onze komst – van alles wordt een lied gemaakt; er worden halzen naar ons uitgerekt, ogen verschijnen in hutopeningen, kleine kinderen met bolle buiken komen naar de truck gerend. De oude man gaat door met zijn gezang, wij worden aangekondigd. De bakens zijn verzet en wij zijn het nu die open en bloot tentoongesteld worden op onze stoffige truck: een soort verrijdbaar museum met specimens van het Stroharige Roze Ras, afstammelingen van de kolonisten.

Op zekere dag kwam er een man met roze wangen naar onze Raad. Hij zat in ons midden en hij vertelde ons van de Koning van de Roze Wangen, die een grote koning was en in een land ver over zee woonde. – Deze grote koning is nu uw koning, zei hij, en dit land is geheel zijn land, maar hij heeft gezegd dat u erop mag wonen om-

dat u zijn volk bent en hij uw vader is. Dit was vreemd nieuws. Want dit land was van ons. Wij hadden geen koning, wij kozen onze Raden en die maakten onze wetten.

Kabonga Kikuyu-stamhoofd.

(Ik ben een nazaat van die Roze Koning, de machthebber, denk ik. Ik voel me heel erg roze. Het hete licht schijnt op mijn ogen, ik zie de kaart van Afrika als in een droom rimpelen, met al die volkeren, de opeenpersingen, de verschuivingen. Dynamiet onder Afrika – wie zei dat ook weer? De blanke ontdekkingsreizigers waren het dynamiet onder Afrika. De ontdekkingsreizigers waren de wegbereiders, en de missionarissen volgden in het spoor, daarna volgden de kolonisten, de landmeters...)

Rondom het Turkanameer (oorspronkelijk Rudolfmeer geheten naar de krankzinnig geworden kroonprins van Oostenrijk) wonen verschillende stammen naast en door elkaar die toch ieder vasthouden aan hun eigen leefwijze. De Samburu bezitten alleen geiten en runderen, de Turkana daarnaast ook kamelen. Vroeger bevochten de stammen elkaar, maar nu zie je ze dezelfde waterputten gebruiken. De Turkana kunnen met hun kamelen veel grotere afstanden afleggen, soms wel veertig kilometer per dag. De Samburu zijn sterk verwant aan de Masai die verder naar het zuiden zijn getrokken – waarschijnlijk zijn zij ooit één volk geweest want zij spreken dezelfde oeroude taal, de taal Maa. De naam Samburu betekent: vlinder. En in hun rode en purperen lappen lijken ze ook op vlinders die hun vleugels open en dicht vouwen en in hun immens landschap van waterput naar waterput zwerven. De Turkana dragen geen rode stoffen maar donker getinte, en zij verven hun haren blauw. Beide stammen behoren – evenals de Masai – tot het Nilo-Hamitische ras.

Nilo betekent: afkomstig van de Nijl, en het woord Hamieten is afgeleid van Chamieten, de afstammelingen van de door Noach vervloekte zoon Cham. Zij zijn verwant aan de Semieten en er bestaat een theorie dat zij de in de bijbel verloren geraakte twaalfde stam zouden zijn. Ze eten ook kosjer – hetgeen overigens niet verbazingwekkend is voor een nomadisch volk dat alleen vee doodt tijdens rituele feesten. Zomaar een dier slachten en opeten vinden zij barbaars, alleen via het brengen van een offer kan een slachting uit de profane sfeer gehaald worden en tot een sacraal gebeuren worden gewijd. Ze zijn trouwens zuinig op hun vee. Wie de meeste runderen of kamelen bezit is een aanzienlijk man. Ze hechten niet aan geld, geven het direct uit aan kleren of voedsel. Vee daarentegen betekent: kapitaal, status. Al deze stammen beschouwen zichzelf als de aristocraten van de woestijn en kijken met minachting neer op de Bantoes, 'de platneuzen' zoals ze die noemen. Vroeger recruteerden ze hun slaven uit de Bantoe-stammen die zij hun waterputten lieten graven en onderhouden.

Er woont nog een derde stam aan deze oostkant van het meer: de El Molo, naar wie het hele district genoemd is. In de jaren dertig werden er nog slechts tachtig leden van geteld, maar langskomende Afrikaanse soldaten uit de Tweede Wereldoorlog hebben het geboortecijfer verhoogd. Toch is het ook nu nog een zieltogend restje van wat eens een volk geweest moet zijn. Ze doen zo mogelijk nog prehistorischer aan dan de Nilo-Hamieten, want het zijn jagers-verzamelaars die behalve een enkele schamele geit niets bezitten en zich alleen in leven weten te houden door het eten van alles waar zij de hand op kunnen leggen, tot krokodillen en slangen toe.

Ik krijg toestemming om door hun nederzetting te wandelen. Het opperhoofd, getooid met een enorme reflecterende zonnebril die hem op een bidsprinkhaan doet lijken, eist twintig shilling en dan showt hij zijn triestig volkje. Daar liggen hun woningen, bijenkorfachtige gammele hutjes met de opening naar het water. Zijn vrouwen en kinderen maken een vuurtje door het tegen elkaar wrijven van twee stukjes hout, ze eten uit de lege schilden van waterschildpadden. Wanneer ik een foto wil maken eist het stamhoofd opnieuw geld – een slimme man die zijn voordeel weet te doen met de intrede van de civilisatie. Ik houd mijn camera op hem gericht terwijl hij argwanend mijn shillingen aan het tellen is, ik zie mezelf weerspiegeld, heel klein in die metalig glanzende bidsprinkhaanogen (twee civilisatie-glazen tegenover elkaar: de lens van mijn camera en het glas van zijn Amerikaanse bril, en daarachter onze echte ogen).

Ik loop tussen de rare bobbelhuizen door die gemaakt zijn van gedroogde palmbladeren met wat wittig uitgeloogd wier op het dak. Zo klein zijn ze dat mijn koelkast er amper in zou kunnen, eerder zijn ze zelf koelkastjes zonder snoer of deurtje met scharnieren: de zon wordt daarbinnen getemperd en de wind speelt er doorheen – een luchtige woning. Ik kan er zelf nauwelijks in, mijn gevoel voor maat klopt niet meer. Ik voel me een soort miereneter die tussen de mieren rondloopt en door een gaatje spiedt of daarbinnen misschien mieren zitten, iets eetbaars voor mijn camera. Achter sommige gaten zit iets levends, kijken ogen je aan – zoals je wel hebt met een gat in een boom waarin jonge uilen zitten die uit een nest staren in de hoop op voedsel. Dezelfde peilloze pupillen. Achter andere gaten kijken geiteogen.

De kinderen hoesten met een droge schrapende kuch, een vrouw heeft een stokkig beentje zonder voet, ze zitten op een boomstammetje naast hun korfje en staren over het stenige strand naar het lege water onder de lege lucht, ze neuriën voor hun baby's, een deuntje zo eentonig als de wind. Het boomstammetje is de keukenstoel, het bankstel, het enig meubilair.

(Goethe bezat een oude fauteuil waar hij erg op gesteld was. Hij zei: 'Waarom zou ik een nieuwe kopen? Mensen die zich druk maken over hun meubilair houden er geen gedachten op na, of hebben geen behoefte om zich met gedachten bezig te houden.' – Maar die brave wijsgeer zat in Weimar natuurlijk wel op rozen, die zat niet in een tochtig korfje in een godverlaten oord.)

Ik wandel met een zwarte kleuter aan mijn hand, de vrouwen lachen en klappen in hun handen. Stroken verse vis hangen over een uitgebleekte tak te drogen. – *Samaki*, zeggen de vrouwen, ze amuseren zich met mij woorden te leren: *maji*, ze wijzen op het water; *bustani*, dat is het piepkleine erfje binnen de gevlochten doorntakken waarin zij geiten houden.

Op de oever staat een scheefhangend kavalje met de opening naar het water gekeerd, ernaast ligt in een smalle strook schaduw een oude halfblinde hond die vergeefs naar mij probeert te grommen. En daarbinnen zie ik iets ademen onder een grauwe lap, een paar dorre voetzolen steken eronderuit – een verdroogd persoon – man of vrouw? Stervend? Een paar botjes, nauwelijks een verhevenheid boven de grond, bijna al weer terug in de aarde. – Vervagen, niets worden, oplossen in die blauwe oneindigheid achter je open deur. Het bestaan zo vereenvoudigd, de dood zo simpel.

Ik loop verder, spiedend tussen de spleten en gaten in de palmbladen muren, de hutjes ritselen, zijn in voortdurende tweespraak met de wind. In een ervan ontwaar ik een dofzwarte baby die een turkooiskleurige vis aan de staart omhooghoudt – zijn speelgoed of zijn middagmaal? Onbeweeglijk, met die vis in zijn dichtgeknepen vuistje in de lucht bengelend, staart hij naar mij uit enorme koolzwarte ogen, en ik staar terug, neerhurkend op de grond om op gelijke hoogte met hem te komen, we zuigen elkaars beeltenis door onze ogen naar binnen. Wie of wat denkt hij dat ik ben? Hoe vertalen zijn hersenen in dat kleine hoofd het beeld dat op zijn netvlies valt? Later, wanneer zijn moeder hem een oude legende vertelt, iets in de trant van: toen kwam er een geest uit de grond met geel brandend haar,' of: 'zij was de dochter van een schildpad en een watergeest...' dan denkt hij misschien aan mij.

Gejaagd kijk ik naar het wijzertje van mijn belichtingsmeter, maar op het moment dat ik wil afdrukken komt de moeder boos tussenbeide; zij schudt haar vinger: geen El Molo, zij is Samburu – en voor de Samburu is geen fotogeld betaald. Met een fier gebaar wijst zij op de gelooide huiden waarmee haar bobbelhuisje bedekt is, zij hoort niet bij die armoedzaaiers, is een aristocrate, behorend tot de bezittende klasse. En ja, ik ruik haar typische Samburu-geur, die van het smeersel *emunyen*, het mengsel van geitevet en okerkleurige leem waarmee ze hun lichamen inwrijven om het te doen glanzen en ook als afweermiddel tegen luis.

Om toch een foto van haar kind te kunnen maken schuif ik mijn armband van mijn pols en geef haar die. Bedaard, met een eenvoudige gratie, bijna alsof het een eerbetoon betreft aan haar persoon, neemt ze die aan – ze zeggen nooit: dank je, dat ze het aanvaardt, dat is je dank. Haar armen zijn zo smal dat de band die ik amper over mijn pols kon krijgen, zonder probleem omhoog geschoven kan worden rond haar bovenarm, en daar op die warmgetinte huid glanst hij opeens veel kostbaarder dan ooit op mijn eigen witte vel. 'Black is beautiful' heeft gestalte aangenomen in deze zwarte mannequin die in haar okerkleurige lap in de hallucinerende ruimte staat voor het groenblauwe nevelige meer – *(later moet ik er nog aan denken hoe dat simpele ding uit de Haagse Bijen-*

korf een onbekend leven is gaan leiden in die mysterieuze
bush-wereld, in dat oord met die onuitspreekbare naam).

Een andere jonge Samburu-vrouw is bezig te verhui-
zen, ze heeft de hut al afgebroken en het materiaal op de
rug van een ezel geladen – een huis licht als een veer –
slechts een handvol verpulverde vezels en de zwartge-
rookte stenen van de kookplaats duiden de plek aan waar
het ooit heeft gestaan. Waar gaat zij heen? Misschien
naar de kudden in de vlakten om een hut op te zetten
voor haar man of haar broers die daar het vee aan het
hoeden zijn. Ik zie haar wegtrekken met de ezel, in de
immense leegte van de achter elkaar liggende kale plooien
van de aarde – nergens wonend maar overal thuis. On-
willekeurig gaan mijn gedachten naar mijn eigen huis,
volgepakt met duizend-en-één dingen, en het komt me
plotseling aantrekkelijk voor om zo, zonder bagage, het
land te kunnen bereizen.

William, de Luo, onze chauffeur, is van alle markten thuis, is een bereisd man. Hij organiseert, weet de beste kampplaatsen, dient als tolk, houdt opdringerige lieden weg, stapt de jungle in om te zien of de truck ergens op een zanderige oever kan omdraaien, herkent de prenten van wilde dieren. De Luo zijn altijd een beweeglijk volk geweest, migrerend van de ene plaats naar de andere, ze hebben zich sneller dan andere stammen aangepast aan de veranderingen die zich in Afrika na de kolonisatie voltrokken.

Maar pas 's avonds bij het kampvuur begrijp ik de reden waarom hij in Loyangalani bij uitstek thuis is, want hij heeft hier twee van zijn vrouwen wonen.

'Waarom wonen je vrouwen hier aan het Turkanameer?' vraag ik hem.

'Hier is goed klimaat,' zegt hij. 'Bij Victoriameer veel malaria. In ziekenhuizen honderden bedden, allemaal zieken met malaria. Cholera ook – excuse me, my english is not so good, I didn't was in any school. Turkanameer is gezond. Een witte dokter zei mij: climate is good, much heat. You drink beer, but don't go to toilet, maybe two days no toilet – all comes out by the skin...' Ter demonstratie plukt hij aan het vel van zijn arm: 'That good. Doctor tells me and I must believe him. Turkanameer veel wind, dus bacillen vliegen weg...'

Ik vraag hem hoeveel kinderen hij heeft. Met een theatraal gebaar grijpt hij met beide handen in zijn grijzend kroeshaar, laat zijn ogen in hun kassen rollen en verzucht: 'Thousand...' Hij kreunt: 'Oooo, als ik daar kom, al die kinderen roepen: pappa, pappa, ooo, ik word crazy...'

Eens in de maand brengt hij ze wat maïsmeel of shillingen voor de dokter of voor kleren; voor de rest moeten ze voor zichzelf zorgen, ze hebben wat geiten en een lapje grond. Een normale gang van zaken in Kenya. Een jonge derde vrouw heeft hij in Nairobi – een gefortuneerd man.

Vindt hij het werk als chauffeur prettig? vraag ik hem.

Hij schudt het hoofd: 'This job just terrible. The car makes noise: bbbrrr, all the time. Jagen en vissen, dat is mijn specialiteit, dat is mijn job. Ik weet alles van beesten, de sporen, de prenten, how they live. Je wilt jagen? Moet je weten hoe dieren reageren. Een leeuw, kijk nooit naar zijn gezicht, kijk naar zijn staart. Als staart niet beweegt kan je langs hem wandelen, just like that, heel dichtbij. Als staart beweegt ga snel weg, good swift, don't run. Luipaarden zijn gevaarlijker, je ziet ze niet. If you come upon them, they give you a good writing...' Hij krast met zijn nagels over zijn gezicht, lachend.

We eten samaki uit het meer, op houtvuur geroosterd en met kruiderijen toebereid. William is terug van een bezoek aan zijn vrouwen (misschien is hij over negen maanden weer een stamhouder rijker) en heeft een vriend meegebracht, een lange dandyachtige verschijning met die speciale swing in de heupen waarmee alle mannen van zijn stam, de Samburu, begiftigd zijn. Zijn ene oog vertoont een troebele vlek waar een scherpe doorn het hoornvlies doorboord heeft toen hij als kind over de grond kroop; zijn lange sensitieve handen onderstrepen alles wat hij zegt met welsprekende gebaren. Hij heeft Engels geleerd op de missieschool en spreekt het uitstekend. Hij vertelt van zijn leven, de gewoonten van zijn stam. Hij is Moraan, hetgeen betekent: hoeder van het vee (synoniem aan hoeder van het leven, want geen vee, geen leven voor deze nomaden).

'Toen mijn vader besneden werd stond er een krijger naast hem met zijn speer in de hoogte geheven en als mijn vader ook maar één kik gegeven had dan was die speer dwars door hem heen gegaan. Want dan was hij niet waardig gekeurd om Moraan te worden,' zegt hij. 'Nee, tegenwoordig worden de jongens niet meer doorboord, maar het wordt wel als een schande beschouwd voor je hele familie als je angst of pijn laat blijken. Je hebt altijd een oudere Moraan, een neef of een vriend die naast je staat tijdens de ceremonie, en die gooit een lap over je heen direct nadat je besneden bent. Iedereen zingt en danst, ze zingen liederen om je aan te moedigen: wees dapper, overwin de pijn, je wordt een man. Ze zeggen: niemand van onze clan heeft nog ooit angst getoond. Eerst ben je wel bang, maar je raakt in een roes. Je gaat baden in de bron en dan loop je naar de Plaats van het Mes met een hele stoet zingende en dansende mensen achter je aan. Je hebt leeftijdsgroepen, je blijft altijd met elkaar optrekken, alle jongens die in dezelfde tijd besneden zijn. Eerst word je Junior Moraan, en iedere paar jaar word je weer bevorderd naar een hogere groep. Dat gaat ook weer gepaard met rituelen. Die vaste groepen hebben meestal een naam: de Groep van de Veepest, of de Groep van de Cholera, de Groep van het Vliegtuig...'

We zitten bij het kampvuur en die Samburu-jongen oreert maar, de handen met de lichte zalmkleurige palmen naar boven draaiend. Na ieder staaltje van welsprekendheid kijkt hij als een schoolmeester de kring rond en vraagt: okay? begrepen? Ik moet aan de jongetjes, de krielhaantjes aan de baai denken – hier zit de jonge volwassen haan.

Het sociale systeem van de Samburu was gericht op overleving. De mensen waren de bouwstenen en het geheel werd door de rituelen hecht aaneengesmeed. Er was militaire dril, discipline. De oudere Moranen waren weer de leermeesters van de Junioren – wat dat betreft hadden de vaders geen verantwoordelijkheid. Het hele systeem rustte op het respect voor de oudere. Zelfzuchtig gedrag werd aangemerkt als gebrek aan respect, en dat alles had een sterk moreel effect op de gemeenschap. De Moranen mochten niet trouwen voordat zij via een reeks initiatieriten tot *Elder* – stamoudste – waren bevorderd, en dat gebeurde nooit voordat zij dertig jaar waren. Als krijgers moesten zij hun clan verdedigen tegen vijandige stammen en wilde dieren, vroeger ook tegen de Arabieren die hun woongebied uitkamden op zoek naar slaven. Tegenwoordig hebben ze niet veel meer om handen, trekken soms met de kudden mee, zwerven rond, mogen vrijelijk sex bedrijven zolang ze maar geen kind verwekken bij onbesneden meisjes – gebeurt dat toch dan moet het meisjes ijlings worden besneden en uitgehuwelijkt aan een Elder die een bruidsschat voor haar betaalt. De oudere Samburu houden er meestal meer dan een vrouw op na, dat is mogelijk omdat de Moranen buiten de huwelijksmarkt worden gehouden. De jonge Moranen sieren zich op als schitterende hanen die met hun mannelijkheid paraderen, maar staan in zekere zin buiten de gemeenschap.

Maar hoe zit het dan met onze Samburu-vriend? Hij is gedoopt en heet Francis, hij is 'educated', hij draagt een T-shirt met Stuyvesant erop en zijn haren staan niet stijf van de rode leem. Hij is een kind van twee werelden. Enerzijds heeft hij zich nog onderworpen aan de ingewikkelde spelregels van de initiatieriten, maar gelijktijdig heeft hij op de missieschool leren lezen en rekenen. Hij heeft de nadelen leren inzien van het nomadisch bestaan van zijn voorvaderen en hij wil weg, naar de stad om automonteur te worden – dat lijkt hem het mooiste. Zijn leerboeken worden met een eenmotorig Cessna-vlieg-tuigje overgevlogen.

'Wat jullie nodig hebben zijn zakenlui, economen, politici, gestudeerde mensen,' zegt mijn reisgenoot, de Australiër, 'die moeten jullie zo snel mogelijk zien te produceren, want het hele tempo in de wereld is snel.'

'Hoe kan je zo'n achterlijk land nu zo vlug omturnen,' brengt een Frans bebrild studentje te berde.

'We moeten ons aanpassen, okay?' zegt Francis. 'Het lot is gekeerd. Je moet je voordeel doen met wat de nieuwe tijd je biedt.'

Hij houdt een lezing, onze mooie dandy, soms het hoofd schuddend bij onze vragen: *wij* zijn de domme pupillen.

'It is so complicated. Corruptie, dat is ons grootste probleem. Er zijn geen vaste lonen, je moet genoegen nemen met wat je baas je biedt, anders neemt hij een ander die het voor minder doet. Je hebt vergunning nodig om een zaak te beginnen, maar veel goederen gaan naar de zwarte markt. Ook de regeringsambtenaren zijn corrupt. Er mag niet gehandeld worden in ivoor of huiden, geen jacht, maar zelf doen ze het wel of via tussenhandelaren die ze zwart betalen. Je mag bij voorbeeld 's nachts niet met trucks rijden om iets te vervoeren, maar de politie doet het zelf wel, die zet een bordje tegen zijn voorruit: *on patrol*, en dan zit zijn wagen vol met zwart gekochte blikken bier...'

Ik volg het niet allemaal meer, luisterend naar dat strovuurtje van politieke meningen, in Loyangalani of all places. Francis zegt: 'Wij zijn geen kapitalistisch land, ook geen socialistisch, maar iets ertussenin...'

Hij praat over onwetendheid, bijgeloof, slechte wegen, over de vele kinderen, de armoede, it is so complicated... (Ze praten zo goed, zei een vriend van mij in Nairobi, ze zijn verbaal zo begaafd, ze praten je gewoon onder de tafel.) En ik denk: wat een slimme jongen, die kan het ver brengen. Per slot zijn al die politieke leiders en Afrikaanse schrijvers ergens uit een strooien hut in de rimboe vandaan gekomen en binnen enkele generaties uit de donkere baarmoeder van ongeletterd Afrika op het podium van de twintigste eeuw gestapt.

'Zou je in de politiek willen?' vraag ik hem.

Hij glimlacht ontwijkend: 'Misschien...'

In Loyangalani is een missieschool met negenenveertig kinderen die vroeger met het vee meetrokken. Ze leren Engels – met een zwaar accent – an elephant is bigger than a cow.

'Als ze eenmaal op school geweest zijn dan kunnen ze niet meer achter de kamelen en de koeien,' zei een ontwikkelingswerker, 'dan voelen zij zich superieur. De slimsten, de meest ondernemenden, zij die vroeger de leiders van hun clan zouden zijn geworden, die trekken weg. De zwakken blijven achter.'

Wat vindt hij van deze ontwikkeling?

'Je kunt het niet tegenhouden. Deze manier van leven is gedoemd om te verdwijnen.'

Of de jongeren in de stad goed terecht komen?

'Als ze werkloos worden, dan worden het dikwijls criminele elementen. En al heb je gestudeerd dan is het nog niet zeker dat je een baan krijgt, want je moet relaties hebben. Stamgenoten bevoordelen elkaar, spelen elkaar de baantjes toe. Veel jonge studenten hebben aanpassingsmoeilijkheden, ze zijn vervreemd van hun gemeenschap, hun identiteit is verloren gegaan, het percentage zelfmoorden onder hen is hoog.'

Zou toerisme de reddingsboei kunnen zijn voor deze nomaden?

Er is hier in Loyangalani een dure lodge gebouwd met een zwembad, maar er komt niemand. Wanneer wij erheen gaan om iets te drinken aan de bar, wordt er ons met een nors gezicht alleen een glas water toegeschoven; we zitten in lege skaileren stoelen in een spookhal, de Spaanse eigenaresse ligt in bed, is altijd bezopen. Maar er zijn *plannen*. Visexcursies van een maand of zes weken, het hele Turkanameer rond, voor steenrijke Amerikanen. – Misschien ben ik toch een van de laatsten, denk ik, die het meer ziet liggen zonder vliegveld, zonder motels en toeristen.

In de nacht neemt Francis mij mee naar de plek waar de Moranen dansen. Een open veld onder de tropische sterrenhemel. We moeten onhoorbaar en onzichtbaar blijven, mogen geen zaklantaarn of aansteker gebruiken.

'De dans is gemaakt op een oeroud patroon,' legt Francis uit, 'de liederen worden gezongen ter ere van de beste koe of de beste stier – die worden dan ook nooit gedood – maar de inhoud varieert van dag tot dag, want ze vertellen nieuws: over veedieven in de woestijn of een jongen die verdronk in het meer, maar ook over besnijdenis en huwelijk.'

Een dans in het aardedonker, onder de diepe hemel. Geen licht, geen maan. De stemmen klinken als fagotten, heel diep, soms hijgend in het ritme van een pulserende hartslag. De zangers staan lijf aan lijf, als lange zwarte bomen. 'Dicht opeen, want dat versterkt het geluid de vlakte,' zegt Francis. 'Er zijn verschillende dansen: van het werven, van de strijd, de competitie, want overal in de natuur is competitie. Eén is de leider, een wat oudere van koninklijk bloed.'

Zo onverwacht klinkt me dat woord in de oren: royal blood, in deze nachtwoestijn, bij jonge negers die een lied zingen voor hun schamele koe, plechtig en komisch tegelijk. Maar toch... het is als een rode draad die terugvoert naar de legendarische koninkrijken.

Ze springen recht omhoog, het lijkt een heel bosje recht omhoog schietende speren, dan buigen ze door de knieën en golven als slangen. Ze komen nauwelijks van de plaats. De meisjes had ik aanvankelijk niet gezien, ze mengen zich plotseling tussen de lange mannenlichamen die even een opening maken om hen te omsluiten, dan wijken ze wervelend weer terug naar de buitencirkel. Hun schrille vogelstemmen contrasteren opwindend met de bassen. Ze zijn heel nietig tussen de jonge Goliaths, zijn misschien nog maar twaalf of dertien jaar oud. In de kluwen van Moranen zie je behalve lendendoeken en ge-vlochten kapsels met veren ook een enkele spijkerbroek, een aantal heeft een lange lans in de hand. Zo synchroon en hard klappen ze in hun handen dat het lijkt of er op hout wordt geslagen; hun lichamen zijn de muziekinstru-menten.

Ik zie hoe een Moraan zijn liefje meeneemt buiten de kring, ze gaan op de grond tegenover elkaar zitten, merk-waardig hoffelijk en kuis, ze raken elkaar niet aan. De man-vrouw verhouding, overal ter wereld hetzelfde, maar hier zo elementair nog, iets uit het Oude Testa-ment: en Abraham bekende Hagar... Na een tijdje zie ik de twee gelieven wegsmelten in de duistere vlakte.

Het stotend gezang dreunt door me heen, het is afge-stemd op de akoestiek van de ruimte, de nachtkoepel – die lijkt van zwart glas; het is of ik een gast ben buiten de tijd en de kinderen van Mozes zie dansen, juist door het feit dat ze mij niet opmerken, zich niet aan me storen. Ze negeren mij, ik ben er niet – alsof ik uit andere mate-rie ben opgebouwd.

Francis zegt beleefd: excuse me, en is op hetzelfde ogenblik verdwenen tussen de dansers, soms meen ik hem in de kluwen te onderscheiden, zo mogelijk nog heviger springend en sidderend dan de anderen: de gedoopte Moraan, de toekomstige automonteur.

En de leider? Die van 'royal blood'? Moet hij de dynastie voortzetten? Wie zullen hier nog dansen over twintig, dertig jaar, welke God of Heilige Koe zullen ze aanroepen? *De toerist*? Geef ons heden ons dagelijks brood. Of zal er nog iets overleven? Misschien dat deze nomaden hier nog zullen rondtrekken nadat de westerse beschaving zichzelf heeft opgeblazen omdat zij als weinigen gehard zijn en hun lichaamssystemen op een economisch minimum kunnen draaien, omdat zij geleerd hebben hoe te overleven.

Terwijl ik daar een beetje verloren sta, klinkt er opeens een stem ter hoogte van mijn heup: Hello, how are you? Behalve een flits van oogwit kan ik niets onderscheiden, maar dan komen handen te hulp, net als die van Francis gesticulerend met de lichte palmen naar boven, kleine handen ditmaal.

'Wie ben je?' vraag ik, 'hoe oud ben je?' Thomas, negen jaar, luidt het antwoord. Hij zegt: 'Ik ga naar school, dat is goed. Ik leer Engels, daarom kan ik met andere mensen praten.' Zonderling die taal van dat verre bleke Albion aan de andere kant van de aardbol, uit de mond van een herderskind, met daarachter toch zijn eigen taal – een vernis over zijn eigen taal heen.

Ik hurk op de grond om te kijken wat er aan die lichte handpalmen vastzit, aan die stem zonder lichaam, ik probeer zijn gelaatstrekken te onderscheiden. Hij raakt mijn arm aan en dan mijn borst. De borst heeft in deze streken geen erogene betekenis, het is een voedselbron, vrouwen bieden dorstige reizigers de borst aan – ik ben een oervrouw, een oermoeder, zelf ook onzichtbaar in het donker. Is het het licht dat mensen wit, zwart of rood maakt? Ik voel die lichte aanraking tegen mijn borst – ik word aangeraakt door Afrika.

'Waar zijn jouw kinderen?' vraagt hij. Mijn geest moet

een hele sprong maken. Wat is Holland? Nooit van gehoord. De onzichtbare aardman zegt streng – met de autoriteit van de Man, zo klein als ie is: 'You must go back to your husband and your children...' Ik ben waarachtig van mijn stuk gebracht. (Later zal ik horen dat hij door zijn moeder verstoten is en bij de paters wordt opgevoed.) Mij voorover buigend raak ik een van zijn handen aan, zo merkwaardig takkenbosachtig en droog zoals ze die hier allemaal hebben.

'Ze zijn al groot,' zeg ik. 'Als jij groot bent, wat wil je dan worden? Word je ook Moraan?'

'Ik wil dokter worden,' klinkt het bloedserieus. 'Ik wil mensen beter maken die misschien gebeten zijn door een krokodil of een slang, die wil ik medicijn geven.'

'Dat is een goed plan,' zeg ik, 'maar wel moeilijk, het zal lang duren en je moet veel leren.'

De handpalmen weer: 'I don't care, al duurt het nog zo lang, ik wil dokter worden...'

Daar heb je er al weer een, denk ik, die zijn nek uitsteekt en over de rand van zijn wereld probeert te kijken.

Bericht uit het nest van de lepra-gier

God maakte dit leven als een stuk stof
met vele strepen, de ene streep voor geluk en vreugde,
een streep in de kleur van armoede en ziekte,
nog een andere streep de kleur van oneer en schande

Ze noemden de ziekte: de lepra-gier. Twintig miljoen mensen over de hele wereld lijden aan lepra.

Je ziet een programma op de televisie: handen die pillen uitdelen, en handen die ze ontvangen, de mens die leven geeft en neemt. Door de televisie, door dat kastje zie je scherfjes leven als met een telelens dichtbij gehaald. Maar televisie blijft afstandelijk en behalve je ogen nemen je zintuigen niets waar, geen hitte, geen stank, geen vibraties; je krijgt een klinisch beeld, maar blijft zelf buiten schot.

Lepra: ook de ziekte van Hansen genoemd naar de ontdekker van de microbacterie die de verwoestingen aanricht. De lepra-gier nam je in zijn klauwen, zeiden ze, en overal in de klassieke literatuur van het Oosten is die 'levende dood' aanwezig. Toch lijkt lepra een gesel uit een voorbij tijdperk, zoiets als de pest, iets dat al lang had behoren te verdwijnen. Maar Hansens microbacterie blijkt hardnekkig weerstand te bieden aan uitroeiing. Wel werd er in 1948 de baanbrekende ontdekking van het middel 'dapsone' gedaan, dat de bacterie niet doodt maar verlamt, zodat de gevolgen binnen de perken kunnen worden gehouden. (Hoewel er tegenwoordig weer aanwijzingen zijn dat de bacterie ongevoelig gaat worden voor het preparaat dapsone; er zijn nog wel andere geneesmiddelen, maar die hebben het bezwaar dat ze veel kostbaarder zijn.)

Inmiddels is het meer een ziekte geworden als iedere andere, hoewel er nog altijd een taboe omheen hangt, een angstsfeer. Dikwijls komen de patiënten niet bij de eerste symptomen uit angst gebrandmerkt te worden, gemeden in hun dorp en gezin, uit angst om apart te moeten eten, verstoken te blijven van fysiek contact.

Wáár komt lepra het meest voor? Hier in Kenya veelal in vochtige gebieden, langs het water, langs het Victoriameer of de kust van de Indische Oceaan. Maar daar kun je geen conclusies uit trekken, want lepra kan ook in droge of koude streken voorkomen zoals in Nepal of Noorwegen. Hier in Kenya zeggen mensen die aan het Victoriameer wonen dat je de ziekte kunt krijgen door het eten van een bepaald soort vis. Ergens anders wordt beweerd dat die veroorzaakt wordt door het eten van geitevlees of omdat je over een plek bent gelopen waar een leprapatiënt heeft geürineerd. Of door hekserij – toverkunsten, het Boze Oog.

Toch heeft de ziekte veel van zijn verschrikking verloren. Vroeger zat een patiënt in een hutje aan een rivier, of in een kolonie op een eiland ver van de wereld, levenslang verbannen.

'Veel patiënten kunnen nu gewoon thuis blijven,' zegt de arts die mij rondleidt in het leprahospitaal in Alupe. 'Ze kunnen poliklinisch behandeld worden. Ieder district heeft een clinical Officer die het hoofd is van de tb- en leprazorg. Hier in Alupe hebben we de supervisie over zeven districten. Alleen de wegen zijn slecht, dat is een probleem. We hebben hier twee projectauto's voor de deur staan, maar er zijn veel geïsoleerde plaatsjes waar die niet kunnen komen, dan moet je lopend verder of met een bootje over de rivier.'

De lepra-arts moet een heel district bedienen, hij laat mij op een kaart alle plaatsen zien, door kleurige speldeknoppen aangegeven, waar hij één of twee keer per jaar heen moet om de bevolking te controleren. 'Veelal begint het met lichte vlekken op de huid die gevoelloos blijken te zijn. "Als je zulke vlekken ziet, vertel het dan aan je leraar," zeggen we op de scholen. Maar onder kinderen komt het niet veel voor. Je zou een systematisch onderzoek moeten hebben, wereldwijd. Een andere moeilijkheid is de duur van de ziekte, de patiënten moeten onder controle blijven en regelmatig hun pillen slikken, soms jarenlang, afhankelijk van de soort lepra, twee tot tien jaar. Als ze zich goed voelen vergeten ze dat. Het is een sluipende ziekte. In een later stadium komen de complicaties. Soms ontstaan er zweren en infecties omdat de handen en voeten ongevoelig worden, men merkt geen verwondingen meer op, dan gaat het weefsel te gronde; maar dit komt tegenwoordig minder vaak voor door de controle bij het veldwerk. Veel oude leprosaria lopen nu leeg en willen zich ontwikkelen tot klinieken voor plastische chirurgie of voor polio – hier in Alupe hebben we ook een polioafdeling. Toch blijf je een harde kern van patiënten houden die niet weg wil. Omscholing en terugkeer in de maatschappij levert moeilijkheden op – en kost geld. Bovendien, als je jaren in een leprakamp hebt gezeten, heb je daar je vrienden of partner; je voelt je beschermd, krijgt eten, er is geen competitie.'

Ik ben nu in het nest van de lepra-gier. Ik zie gezichten met karbonkelachtige gezwellen. Zwellen, zweren, afzweren, veretteren, ulcereren. Leproos – een naam als van een vreemde bloem. De ziekte maakt rozen van vlees. Ik zie verdwijnende ledematen, en ongebreidelde groei, uitdijing anderzijds. Prachtige ogen boven geruïneerde neuzen. Ik moet toch een fysieke afkeer overwinnen. Je voelt dat je uit een cultuur komt waar het volmaakte lichaam tot een doel, een obsessie is geworden.

'De patiënten voelen zich hier veilig,' zegt Fons van Dijk, de lepraloog. 'Sommigen komen steeds weer terug, hebben net zo lang gekrabd tot ze weer een ulcer hebben, een gat in de huid dat niet gemakkelijk geneest – liefst op Kerstmis, dan krijgen ze eten en kleren. Sommigen gaan weer nieuwe relaties aan.' Er loopt een jongeman met sigaretten langs de bedden te leuren. 'Zijn kapitalistisch handeltje,' zegt Fons. 'Ook een ex-patiënt, die toch weer probeert stiekem maaltijden te krijgen.'

Een kleine oude man met ijzergrauw baardje en moslimpetje op het hoofd, in een oude rode kamerjas – die jas geeft hem iets martiaals en doet me aan Jomo Kenyatta denken – posteert zich voor mij. Hij zegt: 'Ik woonde hier, vroeger, voordat het hospitaal er stond, dit is mijn land, dit is van mij, dus hoor ik hier.'

Soms zit er op de grond naast het bed een oude grootmoeder die lokale drugs geeft, die fataal inwerken op de geneesmiddelen van de artsen.

We lopen door de afdelingen. Een man, Barabara geheten, houdt een baby tegen zijn schouder, liefderijk, met zijn afgesleten klauwhanden; hij houdt het kind vol tederheid vast, strijkt het over het mager rugje. Het kind is bang voor ons en begint te huilen, verstopt zich in de leprozearmen van zijn vader. Zijn vrouw is dood, zijn ene oog is al blind omdat de oogleden zich niet meer kunnen sluiten. Overal vuil verband rond voeten en beenstompen. Onsmakelijk uitziend eten: een prop maïsmeel, grauw van tint, wat soep met stukjes aardappel in een plastic kommetje. Dunne schuimrubber matrassen met gescheurde en bevlekte overtrekken, een enkeling heeft een stuk laken rond zijn onderlijf gewikkeld. Een rustige hel.

'Dit vrouwtje kwam hoogzwanger en kruipend op haar knieën binnen, je kon je niet voorstellen dat er een levend kind in haar zat,' zegt de arts. 'Hier is ze.'

Vrouwtje met een rode wollen sok rond haar been-stomp gebonden en daaraan vast met een leren riem een glanzende bruine poot van kunststof. Daar gaat ze op lopen, heel triomfant, lachend. Heel dun haar, slechte tanden, ik zou haar tegen de zestig geven, een slappe zwarte hangborst en daar tegenaan het volmaakte gladhuidige kind, afgerond als een zeehondje: het wonder dat uit dat halfvernielde lichaam kwam. Ze lacht stralend, houdt heel lang mijn hand vast, als om te bevestigen dat zij niet meer besmet is of afstotelijk, maar een menselijk wezen. Ze willen dat fysiek contact om voor vol te worden aangezien. Vrolijkheid tonen ze, medelijden zelden. Een dikke vrouw zit als een gehalveerd standbeeld in bed, de benen er half af.

Heette de ziekte 'de levende dood' omdat je vlees tijdens je leven al in ontbinding overging? Ik kijk naar de donkere vormen op de bedden. Zouden ze het besef van tijd kwijt zijn? Een dag zo lang als een week, een maand lang als een dag? Ze zitten altijd nog op een eiland, het eiland van de tijd, alles in de buitenwereld verandert en ontwikkelt zich buiten hen om.

Dociel steken zij hun klauwhanden en klompvoeten uit naar de lepraloog, die de huid bevoelt of die erg droog is, want droge huid barst gemakkelijk en kan dan geïnfecteerd raken. Dapsone kan niet de misvormingen genezen – de klauwhanden ontstaan doordat de zenuw in de onderarm beschadigd is waardoor de vingers niet meer recht getrokken kunnen worden. Soms hebben de lepralijders door een soortgelijke beschadiging een afwijkende manier van lopen en laten zij hun tenen over de grond slepen die daardoor afslijten. Het valt me op hoe delicaat de vingertoppen van Fons over de ledematen gaan, symptomen aflezend van de huid. Je kunt de huid ook aanraken met de punt van een prop watten, terwijl de patiënt met zijn ogen dicht moet zeggen waar hij dat voelt. Maar eerst vinden ze dat zo gek, begrijpen ze het niet – angst ook? Voor een soort hekserij? Wat die doktoren en health workers nodig hebben is een onuitputtelijke dosis geduld, tact, liefde, overredingskracht.

De lepra-gier is niet zo afschrikwekkend meer, zijn nagels zijn hem uitgetrokken, maar wie heeft het laatste woord? Wacht de gier op een nieuwe kans, wanneer de bacil resistent zal blijken voor dapsone?

Vlak bij het hospitaal staat een boom met kwetterende wevervogels die als clowntjes tussen hun ronde aan grashalmen opgehangen nestjes buitelen, een boom vol muziek. Kinderen met benen in het gips – poliopatiëntjes – zitten te zingen bij het getokkel van een gitaar, een klein meisje loopt op een gipsbeen, terwijl het andere in een knik naar buiten staat gedraaid; ze loopt op de binnenkant van haar voet, in rood jurkje, stok in hand, haast dansend. Wat voor toekomst heeft zo'n kind? Zal ze ooit kunnen trouwen?

'Ze denken niet zo ver, ze grübelen niet zo. Ze voelt zich prima. Als je eerst op je knieën hebt gekropen en altijd naar de mensen omhoog hebt moeten kijken als een hond, dan is het al een hele vooruitgang wanneer je op gelijke hoogte met ze komt.'

Soms is er wekenlang geen water, dan wordt er niets schoongemaakt. Ze hadden een stuwmeer, maar het fundament van de dam was niet goed. Wanneer er stortregens neerkwamen die opeens het meer tot de rand toe vulden, was de druk te groot, de grond daaronder werd doorweekt, er was altijd iets kapot en ten slotte stortte de hele dam in elkaar. Nu hebben ze een buis waar soms water doorkomt, niet altijd. 'Ik hoor het klokkend geluid 's ochtends in de vroegte in mijn kamer. Dat klinkt als muziek,' zegt een Kenyase verpleegster, 'dan weet ik dat we tenminste weer water hebben.'

'Wanneer er geen water is dan moet de tankauto komen, maar daar kan je soms lang op moeten wachten,' zegt Fons.

Er is fysiotherapie, spieren worden geactiveerd wanneer functie nog mogelijk is; er worden prothesen gemaakt, aangepast schoeisel, doelmatige sandalen. Er worden manden gevlochten. 's Zondags wordt er gezongen en gebeden, iedereen vervult een rol of probeert dat tenminste. Eén is voorzanger, een ander werpt zich op als kapper, dan zit er iemand onder een boom en de 'kapper' krast met een oud scheermesje zijn wangen glad of fatsoeneert zijn haar. Zo zijn er toch wel kleine taken, sociale contacten. De poliokinderen spelen met voorwereldlijk aandoende ouwe rolstoelen met enorme wielen, ze trekken zich op, klampen zich vast, peddelen zich met stokken voort.

In het oude kamp achter het hospitaal wonen degenen die ontslagen zijn en voor zichzelf kunnen zorgen, maar nog wel onder controle moeten blijven. Er is daar een subcultuur ontstaan, er lopen kippen en poezen (om de ratten te verjagen), er wordt maïs verbouwd om alcohol van te stoken, daar vind je ook de huwelijksmarkt voor ex-patiënten.

Het stelen is een probleem. Er is overal armoede. Je bent een slim man wanneer je je familie een voordeeltje weet te bezorgen. We zagen een kraampje op de markt in Bumala waar allerlei pillen lukraak voor een of andere aandoening werden verkocht. – 'Gevaarlijk,' zegt Fons, 'want dat kan resistentie van sommige bacillen veroorzaken. Soms zijn die pillen gestolen uit een ziekenhuis of health centre, een andere keer probeert een patiënt extra medicijnen te krijgen door met dezelfde aandoening verschillende keren voor behandeling te komen. Ja, ook in Alupe verdwijnen spullen.'

'Hoe kan je het stelen in de hand houden?' vraag ik.

Fons haalt de schouders op: 'Je probeert er iets op te vinden. Zo hebben we nu een voorschrift dat familieleden bij bezoek hun manden en tassen bij de ingang moeten achterlaten. Bij vertrek worden ze door de askari gefouilleerd. Laatst is de askari in het dorp in elkaar geslagen – want hij zit aan onze vrouwen, werd er gezegd. Maar in werkelijkheid betekende dat: hij laat ons geen lakens stelen, die rotzak.'

Veel blanken zeggen: ik zal ze nooit helemaal leren begrijpen. Ze hebben een talent om in bedekte termen dingen duidelijk te maken zonder ze openlijk te zeggen. Ongeduldig zijn is in hun ogen onbeschaafd, iemand in het openbaar iets weigeren achten zij een inbreuk op het beschaafd gedrag. Wanneer je bij voorbeeld aan een Kenyaan vraagt: mag ik je fiets lenen?, dan zegt hij niet: nee, maar: mijn band is lek – ook al staat die fiets zonneklaar met opgepompte banden voor de deur. Het zijn gewoon andere gedragscodes.

Ze weten ook alles zonder er openlijk over te praten, geruchten verspreiden zich raadselachtig snel per 'bushtelefoon'. Een zendingsarts vertelde mij hoe het hem meermalen overkomen was dat hij naar een dorp dertig kilometer verderop reed om de familie van een patiënt van diens dood op de hoogte te stellen en ontdekte dat het bericht hem al vooruit was gesneld. Hoe? Door telepathie of roddel die op vleugels door de bush vliegt?

Een oud verhaal vertelt: *Wanneer het leven het stoffelijk overschot heeft verlaten, dan rijst de geest daaruit op en gaat op weg naar zijn geboorteplaats om daar het droeve nieuws te brengen. En sommige mensen op de weg van de geest kunnen hem gewaarworden en herkennen, hoe-*

wel de schaduw snel langs hen gaat en niet groet; maar ze
weten meteen wat er gebeurd is. Ze zeggen tegen elkaar:
die of die is dood, zijn schaduw is gekomen. En in zijn
geboortehuis ordent de schaduw zijn bezittingen, zijn
schapen en geiten worden onrustig en slaken vreemde
kreten, zijn kalebassen ratelen aan de muren. Iedereen
weet wat er aan de hand is.

'Je moet ze niet om de tuin leiden,' zegt Fons van Dijk.
'Dat leerden wij al op de Tropencursus. Ze weten het zelf
als ze doodgaan, ze aanvaarden het eerder dan wij. Er
werd tegen ons gezegd: wanneer een ervaren verpleegster
tegen jullie zegt dat een patiënt dood zal gaan, dan kan je
dat gerust aannemen.'

We staan bij het bed van een ernstige zieke; hij sterft
niet aan de lepra, want die is zelden dodelijk, maar aan
een andere aandoening. Ik zie de naar binnen gerichte
blik, alsof die zich niet meer vasthecht aan de objecten in
de omringende wereld, er is een inwaarts, individueel
terugtrekken.

'Op den duur krijg je ervaring, leer je dat teken af te
lezen van hun gezichten.'

Niets gebeurt er zonder aankondiging: de regen waar-
schuwt de aarde door de opstekende wind, het weerlicht
dat de bliksem zal inslaan, zo kondigt de dood zich aan
door dromen wanneer een mens zijn einde nabij is.

Meestal is het de wens van de gestorvene om in de aarde van zijn geboortedorp begraven te worden – de lucht-
vaartmaatschappijen worden rijk door al die lijken die
teruggevlogen moeten worden naar hun geboortegrond.
Vroeger zwermden de stamgenoten niet zo ver uit, dat is
nu wel een probleem. Maar meestal komt de familie het
stoffelijk overschot ophalen. Dan wordt het in de aarde
gelegd, maar pas veertig dagen nadien heeft de rituele begrafenis plaats, eerder een feest waarop alle familieleden
en dorpsgenoten worden uitgenodigd. Er worden dan

geiten en runderen geslacht.

Waarom is die ceremonie pas na veertig dagen? Omdat volgens het oude inheemse geloof de ziel na veertig dagen aankomt in het geestenrijk, en of hij wordt toegelaten hangt af van de ceremonie, het eerbetoon en het bloed dat daarbij gespild wordt door de offerdieren. Precies na veertig dagen ontvangen de doden de nieuweling in hun gezelschap in het schimmenrijk, maar ze willen hem alleen welkom heten nadat zij zich bedronken hebben aan het bloed van offerdieren.

Tegenwoordig proberen sommige families onder de kosten van een rituele begrafenis uit te komen. In de *Weekly Review* las ik dat in het district Isiolo een ziekenhuis met het probleem worstelde van nooit afgehaalde doden. Die bleven te lang in het lijkenhuis en de doodgraver vroeg een steeds exorbitantere prijs voor het begraven. Het ging zelfs zo ver dat mensen doodzieke kinderen of ouden van dagen op de stoep van het ziekenhuis legden om vervolgens de benen te nemen. Soms werden de kinderen beter, maar niemand kwam ze opeisen.

's Ochtends zitten we te ontbijten op een houten verandaatje dat door veelsoortige planten bekropen wordt, terwijl voor ons het gele olifantsgras zich uitstrekt tot aan de donkerblauwe bergen van Oeganda. Fons' aardige blonde vrouw Gerda is psychiater. Zij doet hier researchwerk betreffende de effecten van de traditionele heelkunde op mentale stoornissen. Zij vertelt over de vermenging van inheems geloof en christendom, van oeroude traditionele heelkunde en de westerse geneeskunde. Het komt mij voor dat dit alles wonderlijk en bijna onontwarbaar verweven ligt als de schering en inslag van een weefwerk.

'Ik had een Kenyase assistent, een intelligente jonge vent,' vertelt Fons. 'Zijn tweede vrouw was ernstig ziek. Hij zei: ik moet morgen weg, ik moet het gebeente van mijn grootvader gaan opgraven en ergens anders herbe-graven. – Waarom? – Hij ligt daar niet goed, er is scha-duw en de wortels zijn verrot. Daardoor is mijn tweede vrouw ziek. – Maar je weet toch dat ze ziek is door een bacil? – Ja, natuurlijk weet ik dat, maar het is mijn groot-vader die de bacil naar haar heeft toegestuurd.'

'Vorige week was er iemand gestorven,' vertelt Gerda. 'De missievader werd uitgenodigd en gevraagd om voor de overledene te bidden en de mis op te dragen. Maar zo-dra hij weg was begonnen ze aan hun eigen ritueel.'

Veel blanken zeggen: hun tong is wit maar hun denken is zwart. Met hun tong belijden zij het christelijk geloof, maar in hun bloed zijn zij nog fetisj-aanbidders.

Toen de missionarissen het christendom brachten be-grepen de inheemsen het Oude Testament direct, want veel van de gebruiken en verhalen van het oude Hebreeuw-se volk leken op die van hen. Ook de Afrikanen waren godvrezende volkeren. Ze geloofden aan één god en brachten hem offers. Hun god was de Schepper van alles wat leeft. Het idee van een kwade macht in de gedaante van de duivel was voor hen vreemd, evenals het idee van het laatste oordeel en de hel. De duivel was zo onont-koombaar en wispelturig. Boze geesten van afgestorvenen konden 'goed' worden nadat ze tevreden waren gesteld, je kon een soort compromis met ze sluiten, maar dat was onmogelijk met de duivel.

Veel Afrikanen konden dan ook met het idee van de hel helemaal niet overweg, het maakte ze doodsbang en moet hun iets hebben toegeschenen als een concentratie-kamp van de blanken. Maar omdat de blanken de macht in handen hadden kon je maar beter ja en amen zeggen, want je wist toch maar nooit of ze het in het hiernamaals soms ook voor het zeggen hadden. Bovendien werden de straffen dikwijls al in het aardse leven uitgedeeld: een dracht stokslagen wanneer je niet ter biecht was gegaan of wanneer je je tweede vrouw niet had verstoten, waren dagelijks voorkomende zaken – precies zoals de Indianen in Zuid-Amerika gegeseld werden wanneer zij zich niet wilden laten bekeren.

Wat is overigens bijgeloof? In Van Dale staat: 'minachtende benaming voor een ander godsdienstig geloof dan dat van spreker of schrijver.' Op grond van die definitie kunnen mensen van andere religies de santekraam in Lourdes ook bijgeloof vinden, of het idee dat je door het aanraken van een stukje knekel (van vermeende authenticiteit) van de heilige Petrus genezing zou kunnen verkrijgen. De Paus zegende in de oorlog tanks en ander wapentuig. Ik zie geen verschil met de rituelen van de zogenaamde 'heidenen' – al was hun god misschien aardser, meer betrokken bij zegeningen of catastrofen die de aarde betroffen dan onze witte god die altijd zat te piekeren over schuld en boete.

In de ochtend rijd ik mee met Gerda die 'het veld' in gaat voor haar research. Ze bezoekt geregeld patiënten in de psychiatrische afdeling van het ziekenhuis in Kakamega, maar gaat ook naar de traditionele genezers en hun patiënten in de dorpen. 'De genezers hebben dikwijls veel psychologisch inzicht, kennen hun klanten vaak persoonlijk en betrekken ook de familie erbij om te zien waar de moeilijkheden zitten – ze geven soms zelfs groepstherapie,' zegt ze.

We rijden door het groene land dat in de uitwaseming, de adem van het Victoriameer ligt. Sisal, koffie, thee en malariamuggen gedijen goed. Er komt een immense gier aanglijden, strijkt neer op de weg waar een klein kadaver ligt. Hij buigt zijn kale kop snel, vele keren, alsof hij salueert, buigt, kakelt, plant zijn klauwen in het dode vlees.

'Witchcraft, wat denk je dat dat is?' vraag ik, 'hypnose, suggestie, autosuggestie?'

'Niemand weet het precies. Vorige week was ik er bij toen een genezer een psychotische patiënt een behandeling liet ondergaan. De man moest op een doek gaan staan boven op een verlaten termietenheuvel met de rug naar de laagstaande zon. Op de plek waar de schaduw van zijn hoofd zich aftekende stopte de genezer geneeskrachtige kruiden in de grond – want de patiënt was geestelijk gestoord, dus zat het kwaad in zijn hoofd. De genezer sprak een christelijk gebed uit. Vervolgens wierp hij de doek in het water en gelastte de geest daarop weg te varen.'

'Maar je hebt ook witchcraft in omgekeerde richting, die destructief werkt,' zegt Gerda. 'Vrienden van ons hadden een aya, een kindermeisje, die beweerde dat ze behekst werd. Zij was een Teso uit Oeganda. Zij stond op goede voet met haar mevrouw, intiem zelfs, bijna alsof zij vriendinnen waren. Op zekere dag moest zij een paar dagen op de tweeling van onze vrienden passen tijdens hun afwezigheid. Zij kreeg pijn in haar benen, die waren gevoelloos, zei ze. De kok had haar behekst, beweerde ze. De dokter onderzocht haar en praatte met Michael, de kok – die leek er de man niet naar om haar te beheksen –, maar er was wel jaloezie tussen die twee want een kok is volgens hun maatstaven hoger dan een aya, bovendien was hij een Luo en die kijken neer op een Teso. Maar ja, zij was zo belangrijk geworden in dat gezin, ze had de verantwoordelijkheid voor die twee kinderen. Ze at niet meer, ze zei dat ze dood zou gaan, en het leek er ook werkelijk op, ze werd volstrekt apathisch. Hoe valt zo iets te verklaren? Wij zijn natuurlijk geneigd om het in het psychologische vlak te zoeken: dat zij de verantwoordelijkheid niet aankon toen haar mevrouw wegging. Maar toch...'

We rijden door het dorp Mumias. Hier heeft Gerda een mooie ronde hut gehuurd waarin ze dikwijls overnacht wanneer ze niet meer voor donker terug kan gaan naar Alupe. Ze wuift uit het autoraampje naar een oude man met kaplaarzen en een versleten zwarte herenparaplu.

'Dat is de "headman" van Mumias, een belangrijk man. Die staat direct onder de Chief. Maar hij wordt door de dorpelingen zelf gekozen. Hij houdt een soort "gemeente-boek" bij waarin hij aantekent wie er op de begrafenissen komen en hoe sociaal iemand zich gedraagt, hoe groot de bijdrage die hij geeft. Je hoort te handelen naar je status. De oudste zoon moet bij voorbeeld meer betalen dan de jongste. Afhankelijk van je sociale gedrag binnen de dorpsgemeenschap krijg je zelf ook weer hulp bij moeilijkheden of begrafenissen.'

Omdat hun tuinman een tweede zoon heeft gekregen wil Gerda in Kisumu stof kopen om kruipbroekjes van te maken ('Misschien kan je mee op kraambezoek,' zegt ze. Maar de tuinman zal zich helaas verontschuldigen: hij kan geen bezoek ontvangen omdat hij geen thee in huis heeft. Je gast thee aanbieden, dat behoort bij de etiquette).

Zachte stoffen en zacht gevooisde Aziaten in de stoffen-winkel in Kisumu, ik wandel langs nauwe paden die omzoomd zijn door veelkleurige muren van katoentjes en zijde, nopjes- en ruitjesgoed, mousseline, damast en zilver-gaas. De ellemaat wordt gehanteerd. De Aziatische winkelier en zijn echtgenote zijn beleefd en sereen. Hoe is het mogelijk dat je vrijwel overal Aziaten achter de toonbank ziet staan, alsof ze de hele middenstand beheersen? Ja, ze hebben talent voor zakendoen, kunnen van een minimum rondkomen, ze zijn nijver. Er waren er altijd al veel in Oost-Afrika, maar toen de grote spoorlijn van Mombasa naar Oeganda aangelegd moest worden – de beruchte IJzeren Slang die zo veel doden kostte – toen hebben de Engelsen tienduizenden Indiërs uit Brits-Indië gehaald. Velen crepeerden in de vochtige tropische rimboe, maar wie overleefden bleven in Kenya en Oeganda en werkten zich op tot middenstanders. Onder het regime van Idi Amin heeft Oeganda pogroms tegen de Aziaten uitgevoerd, hun winkels verbrand en ze over de grens gezet.

'Ook hier in Kenya hebben ze geprobeerd de Aziaten uit de kleinhandel weg te drukken,' vertelt Fons, 'zij het op zachtzinniger manier. Ze kregen geen vergunning meer om een zaak te houden. De Kenyanen probeerden de winkels te onteigenen. Maar die Aziaten wachtten rustig af want – zoals ze voorzien hadden – klapte de boel in elkaar en werden ze weer teruggehaald.'

'Hoe komt dat? Hebben de Kenyanen van huis uit minder handelsgeest?'

'Het is niet hun sterkste kant. Ze hebben niet die eeuwenlange ervaring van vader op zoon achter de rug zoals de Aziaten, ze leefden nu eenmaal als jagers, nomaden en kleine landbouwers. Maar het knelpunt is die befaamde gemeenschapszin van de Afrikanen, de ongeschreven wet dat je altijd gastvrij moet zijn en verantwoordelijk bent voor je familie, ook voor je ooms, tantes, neven en nichten. Zodra die enorm grote families zien dat een van hen het goed maakt komen zij als vliegen op de stroop af en doen een beroep op hem, profiteren – en zo komt het dat ze failliet gaan wanneer ze een winkeltje hebben.'

De oude vuistregel ter overleving, die vele duizenden jaren zijn nut had bewezen blijkt ineens niet meer te deugen en keert zich tegen de enkeling die zich in de twintigste eeuw probeert te handhaven. (Ik las een novelle uit De Derde Spreker – Serie van de Novib: *Werkloos in Brazzaville*, van Pierre Biniakounou, waarin dit probleem beklemmend aan de orde kwam. Dat is het fantastische: Afrika heeft een *stem* gekregen, Afrika wordt niet langer door blanken beschreven maar vertelt zelf zijn geschiedenis, zijn visie op zijn positie, zijn problematiek – wij horen de stem van binnenuit.)

Ik slenter op de markt te Bumala. Een kleurig mozaïek ligt over de grond uitgespreid onder de tropenhemel, alles zit en hurkt tussen de manden en stoffen, tussen plastic lapjes waarop gedroogde visjes liggen uitgestald of bergjes gemalen koffie of kruiden. Geluiden versmelten tot gegons, unisono, als van een opeengeklonterd bijenvolk – deze streek is na die van de Nijldelta de dichtstbevolkte van heel Afrika.

Kleuren van mango's en bananen, papaja's en kalebassen. Vogeltjes in heel kleine rieten mandjes. Ik koop er een. De koopman stelt er een eer in om mij een nieuw mandje te geven. Met zijn vingertoppen duwt hij de rietvezels uiteen en zet zijn mond aan de ontstane opening, inademend met een donker oeh-achtig geluid, heel zacht, vervolgens plaatst hij de openingen van de twee mandjes tegen elkaar en het vogeltje stapt zonder mankeren in het nieuwe mandje over – misschien dacht het daar een wijfje te vinden.

Dat vogeltje laat ik los, in Alupe achter het leprazieken-huis, daar waar je aan de overzijde van de gele vlakte de duistere bergen van Oeganda ziet liggen. Wat wil ik daarmee? Heeft het met mijn eigen claustrofobische angsten voor te kleine ruimten te maken, te kleine flats, bejaardentehuizen, varkenshokken? Of is het eerder een tribuut aan Afrika: een kloppend hart de vrijheid schenken? Ben ik romantisch? Sentimenteel? De Griekse wijsgeer Pythagoras placht op de markt in Athene regelmatig vogels en vissen te kopen die hij vervolgens de vrijheid teruggaf – in ieder geval bevind ik mij in goed gezelschap.

Een nacht in Lamu. Een nacht in een kaal kamertje boven in een Arabisch huis, de ramen open om de koele bries uit zee te vangen, witte tulen klamboes om ons heen waardoor we net op bruidssuikers lijken, Elena en ik, met die zijden strikken die aan een soort lampekapjes zijn bevestigd boven onze hoofden. Een witte nacht. Geen slaap. Maar wel het ritselen van palmbladeren en het sonore stemgeluid van twee askari's die een voorraad bananentrossen moeten bewaken die de vorige avond per dhow is aangevoerd. Het marktplein werkt akoestisch als een amfitheater en de askari's hebben elkaar kennelijk veel mee te delen. Toch dommel ik even in tot zich plotseling een bovennatuurlijke schallende stem door mijn slaap heen boort, die mij dringend een of andere boodschap schijnt te brengen. Het lijkt of er een gigantische snerpende vogel boven het stadje rondwiekt: het is de stem van de moëddzin die boven uit zijn minaret de gebedsuren afroept. Versterkt door een luidspreker boort hij zich krakend in je slaap. De gelovige moslims worden opgeroepen om naar de moskee te gaan.

Om half zes geef ik het op en ga mijn bed uit, ik installeer mij op de veranda van ons New Mahru's hotel. Luchtig zoeft de wind door de gangen en de trappen, naar het dakterras onder het palmstrooien dak, en weg weer naar zee. Fantastisch gebouwd, die Arabische huizen – alles open, muren als kantwerk.

Wij hebben een kamer tweede klas, met douche. Wanneer je derde klas hebt moet je je wassen in een douchehok op de gang. De vierdeklas-gasten, onduidelijke vor-

men, muzelmanachtig, liggen op brede banken in de rui-
me gangpaden en vestibules. Soms mompelen ze: jambo –
de Swahili-begroeting, maar meestal geven ze geen asem.

Zes uur in de ochtend. Geslof van oudemannenvoeten
in sandalen over het plein, gekoer van duiven, een stem
die eentonig zingt. Een deur wordt ontgrendeld en gevangenen in wit katoenen pak met korte broek dalen de
stenen trap af van de gevangenis – een oud fort dat begin
vorige eeuw gebouwd werd om Lamu tegen piraten uit
zee te kunnen verdedigen. De gevangenen, die zoals overal in Kenya dwangarbeid moeten verrichten, binden het
hout samen dat de vorige dag gekapt is en dragen dat het
fort binnen. – 'Maak nooit een foto van de gevangenis,
anders zie je binnen de kortste keren de muren aan de
binnenzijde,' werd ik gewaarschuwd. – Een andere ge-
vangene begint met een bezem de harde lemen grond van
het plein aan te vegen, swingend in de heupen, links
rechts, links rechts; stof wolkt door de lichtbanen van de
laagstaande zon. De negervrouw die de hele nacht samen
met haar kind op de brede stenen rand van het fort heeft
liggen slapen, bindt haar blote borsten onder een lap,
neemt een groezelig dichtgebonden pak op en achtervolgt
hinkend haar schreeuwend zoontje dat de benen neemt. De
eerste ezel, muiskleurig, komt op zijn tapdanshoefjes ver-
langend op de bananen toe. De askari verjaagt hem (heeft
die zich toch nog waar kunnen maken), maar zonder geweld. Ezels zijn net heilige koeien hier, zien er ongeschon-
den uit, in tegenstelling tot de graatmagere katten die er
soms uitzien alsof ze met messen bewerkt zijn. Midden
op het plein wordt de ezel onverhoeds overvallen door
een balk-aanval. Het duivegekoer wordt dringender.
Twee oude moslims met een geborduurd kalotje op het
hoofd, wit gejurkt, lopen mediterend met de handen op
de rug door een steegje weg, er worden houten karretjes
met rubber banden aangereden (auto's bestaan hier niet),

een baby huilt, een haan kraait: solisten in het concert van stemmen en duivegekoer. Gestalten van top tot teen in hun zwarte buibui's gehuld (de moslimdracht voor vrouwen) glijden geluidloos over het plein – overdag zie je ze zelden, het zijn net nachthagedissen: als de zon onder is zie je ze opeens door de steegjes schuiven en in de winkels samendrommen; in een stoffenwinkel zag ik ze betoverd staan toekijken hoe glanzende zijde per el werd uitgemeten. Een politiebeambte met zwarte pet en wit en zwart gestreepte kniekousen daalt uit het fort naar beneden en baant zich een weg met de tred van Het Gezag, totaal verschillend van het subtiele sierlijke lopen van de andere voorbijgangers, of van het sloffend slenteren van de oude moslims. De bananen worden naar een andere plek op het plein gedragen, tros voor tros, een sterke man draagt er twee, aan iedere arm één, en altijd zijn er de toeschouwers, zij die commentaar leveren, grapjes lanceren, met een stokje op de bananen tikken, alles traag, alles adagio in de ontwakende ochtend. Het ezeltje vindt een losgevallen banaan en peuzelt die op, hij houdt zich gedeisd, wacht geduldig tot de fortuin hem weer iets toespeelt. Een klein negermeisje draagt een grauwe zak (met rijst?) op haar hoofd. Af en toe zet ze die even recht met een sierlijk handje, voor de rest loopt, draait en knielt ze ermee, pratend met andere kinderen – zij is ermee gekroond: kleine zwarte koningin van Lamu.

Zeven uur. Uit het fort komt een geluid van morseseinen, roetwolken bollen achter de tralies vandaan, kinderen gaan in rood- en witte uniformpjes met een minuscuul tasje aan het eind van hun arm naar school: dat is de nieuwe elite, de toekomstige intelligentsia. Een negervrouw, kind op de rug, krukje in de hand, gigantische mand met tomaten op het hoofd komt het plein op lopen: de markt gaat beginnen.

Lamu, parel van de zee, genesteld op een van de eilandjes van de archipel in de Indische Oceaan, dicht voor de kust van Kenya, is door diezelfde zee ontstaan en gevoed; liggend in haar groene lagunes tussen haar zwarte mangrovejungles heeft ze altijd het gezicht naar zee gekeerd. Vandaar kwamen de dhows aanzeilen uit Perzië, India en zelfs China, sinds vele eeuwen, om het mangrovehout te halen waarvan de keiharde boriti-palen werden gesneden. Ook nu nog zie je die palen als roodachtige asperges op hoge stapels in de vloedlijn liggen, het hout moet zwellen en vervolgens krimpen tot het zo hard wordt dat het niet meer kan splijten. Indiërs, maar vooral veel Arabieren bleven in Lamu achter en vermengden zich met de Bantoe-bevolking.

'De mannen in Lamu zijn mooi en ik ben de mooiste,' zegt Yahya Saidi. Hij heeft een goudkleurige huid en groene ogen, zijn trekken zijn eerder Perzisch dan Afrikaans, met wellicht ook nog een spoortje Portugees. Samen met zijn koolzwarte vriend Achmed, die voor onderwijzer studeert, werpt hij zich op tot onze gids die ons door het labyrint van Lamu zal loodsen. – Ja, zijn overgrootvader was een Arabier. Die bleef hier, die trouwde hier in Lamu, hij was visser, vertelt Yahya. Hij leidt ons door verwilderde kokospalmtuinen, door smalle stegen waar de huizen opgetrokken zijn uit blokken van het oeroude koraalrif waaruit vrijwel de hele kust van Kenya bestaat; oude grafheuvels midden in het stadje zijn ook van grijs pokdalig koraal gemaakt. We zien diepe waterputten waarin kleine visjes zwemmen – dat is een teken dat het water zuiver is, zegt hij. Eeuwenlang waren er bij de huizen van de aanzienlijken watertanks voor badwater (soms zelfs verwarmd) waarin vissen werden gehouden om de muskietelarven weg te vangen. Hij laat ons het half vergane wiel zien waarmee sisaltouwen werden gedraaid voor de schepen. Dertig meter verderop stond een tweede wiel, dat is verdwenen. In de buitenwijken van Lamu is alles weer palmblad: huizen van palmblad onder de palmen. Een boot ligt als een zieltogend beest op de droge stofgrond, ze heeft een omcirkeld oog met een maansikkel als pupil. 'Ikhwasi' lees ik op haar boeg. 'Dat betekent: Iets Zeer Helders,' zegt Achmed. En steeds hoor je het gekabbel van water, zie je de mensen tegen een decor van zon en van zee – mensen die werken, iets vervoeren, kleren wassen, hout stapelen, die zwemmen, op hun ezel rijden, alles tegen die achtergrond van de natuur. *Natuur* – het woord komt van 'nasci', geboren worden, naître in het Frans. Natuur en mortuur, van 'mori', sterven: de tweelingzusters, de Siamese tweeling, eeuwig verbonden – en daartussen ligt het hele proces van worden en voorbijgaan. Ik zie een Bantoe-vrouw met haar baby op haar rug, de zwarte ogen van het kind registreren de eerste indrukken van het leven. Oude uitgebeende moslimmannen, schimmig in hun lange witte jurken, wandelen onder een zwarte paraplu. Worden en voorbijgaan. Nasci en Mori.

Buiten de nederzetting, aan het uiterste einde van de kade staat het slachthuis omgeven door een knekelveld van botten en witgebleekte geite- en osseschedels. Gieren plukken er de laatste restjes van af, en de maraboes, heren in jacket: dr. Jekyll en mr. Hyde, waden met afgemeten stap en kleine rukjes van de nek door het ondiepe baaiwater op zoek naar iets eetbaars. Ze smeren hun zwarte poten in met hun eigen uitwerpselen zodat die wit worden. Waarom? Camouflage, wordt me verteld.

We drinken iets verkoelends in een yoghurttentje gemaakt van bamboestengels waar de wind door de openingen heen speelt. Ik zet mijn fototoestel in een spleet van de stengels in de hoop een voorbijkomende moslimvrouw in haar buibui te kunnen verschalken, want die wenden zich altijd af zodra ze je gewaar worden – wat een opgejaagd leven zullen die krijgen nu er meer toeristen komen en ze voortdurend op hun hoede moeten zijn voor die klikkende doosjes, zielestelers.

Maar ook wij worden belaagd en gezien als mogelijke buit. Onophoudelijk worden Elena en ik omzwermd door de zonen van Lamu. Yahya, onze gids, laat foto's van zichzelf zien samen met westerse vrouwen. Hij wordt aangesproken door een Amerikaanse, hij zegt: 'Ik word er soms moe van, van al die vrouwen. Die daar nodigt mij uit, ze geeft me te eten. I make her happy...' Insinuerend spelen zijn vingers met het gouden kettinkje rond zijn hals dat hij van haar gekregen heeft. Maar ook mannen maken van zijn diensten gebruik, een Zweed hield hem een week bij zich op zijn hotelkamer voor duizend shilling (driehonderd gulden), een fortuin. Maar zo'n meevallertje heb je niet vaak.

Ze bieden ons mirraa-stengels om op te kauwen, er zit cocaïne in die ook de honger schijnt te verdoven. 'Wij in Lamu zijn erg gastvrij,' zeggen ze, 'maar ik kan je nog meer gastvrijheid bieden...'

'I know you girls are happy, but maybe I can make you more happy,' zeggen ze. Anderen weer, de captains van de dhows, willen ons een vis-excursie verkopen, ze vechten om ons als honden om een bot, je komt ze overal tegen, ze weten altijd waar je uithangt, ze posten voor de deur van New Marhu's. Niettemin blijven ze steeds uiterst beminnelijk, ze omzwermen je als vlinders. Ze strijken neer op de wankele stoeltjes bij ons cafétafeltje: Jambo! Habari? (Hoe gaat het?) In gebroken Engels praten ze over hun leven, ze praten en praten en raken je arm aan om aandacht te trekken. Ze zeggen: 'Vertel je vrienden van ons, vertel hun over Lamu, hoe we hier leven' – bijna alsof je een soort medium bent, die hun signalen moet doorseinen naar de wereld achter de lagunes – een wereld die zij nooit gezien hebben. Met grote kinderlijke letters schrijven zij hun namen in mijn notitieboekje: Yahya Saidi, Achmed Mahazi, Yassin Banaana, Abudi Kibwana, hetgeen betekent: The Great One, de leider. Sommige slimmeriken zetten achter hun naam: GIDS. Goudkleurige Yahya is de meest ambitieuze, die wil veel geld verdienen en dan weg naar Mombasa of Nairobi om daar een winkel te beginnen. Abudi wil de grens over naar Somalië, misschien dienst nemen in het leger. En wat wil Yassin met zijn leven? Die glimlacht vaag en beweegt zijn armen op en neer als vlerken van een vogel: 'Ik heb geen plan voor mijn leven, ik wil vrij zijn, ik wil leven zoals de wind.'

We eten bananekaas bij de bananekaasman. Gisteren aten we bananebrood en morgen zal er gebakken banaan op het menu staan of gepeperde banaan in kwark. Maar bij Ghai kan je Seafood eten. Vis en bananen, bananen en vis, met wat rijst en een enkele papaja misschien. Daar leef je van. En van de zon en de zee.

– Vrij zijn, leven als de wind... je bestaat in een soort tijdeloosheid, je vergeet de stad, je leven, je ambities, je sores, alles wordt weggewassen, gladgepolijst door het water, door de dagen zo warm als ovens, het kaatsspel van woorden, de begeleidingsdans van de sloffen en sandalen.

Ik kijk naar de voeten. Soms denk ik: je zou een encyclopedie over voeten kunnen schrijven, een verklarend woordenboek. Over de voeten – hoe ze eruitzien, hun bestemming, de wegen die ze afgelegd hebben, hun naaktheid, hun versierdzijn, de dingen waarmee ze bekleed zijn, de taal van de tenen, de arrogantie van de loop of juist het verziekte sloffen. Soms doe ik een spel met mezelf om te zien wat ik af kan lezen aan de voeten en de manier waarop zij zich voortbewegen; veel schoenen, maar meer nog de pantoffels, krijgen als oude honden iets van het karakter van hun meester.

Hier in Lamu kijk ik naar voeten van moslimvrouwen

omdat die – afgezien van de handen – de enige lichaams-
delen zijn die onder de zwarte buibui zichtbaar worden.
Er zijn voeten van maagden, bruiden, jonge vrouwen en
ten slotte de afgejakkerde eeltige onderdanen van de oude
vrouwen. Van de overige lichaamsvormen valt niet veel
te raden, enigszins uitgedijde zwarte theemutsen zullen
zwaarlijvige lichamen bedekken, sluik neerhangende daarentegen magere.

De voet maakt deel uit van de ingewikkelde ceremo-
nieën die een jong meisje naar het bruidsbed begeleiden,
want dan is het ogenblik gekomen dat de voet versierd
gaat worden met krullen en bloemmotieven in hennaverf
opgebracht. Voor een maagd zou dat te provocerend gevonden worden. Huwbare meisjes mogen wel hennaver-
sieringen op hun handen aanbrengen, maar de voetdeco-
ratie is voorbehouden aan de bruid en de jonggehuwde.

De dochter van de bananekaasman heeft donkerrood
geverfde voetzolen die omhoog lijken te krullen als een
soort slofjes tot aan haar teennagels en vandaaruit sprui-
ten fijn gepenseelde takjes voort. (De hennaverf wordt
gemaakt van hennapoeder, vermengd met water en het
sap van onrijpe citroenen om de kleur donker te maken.)
Is er een bruidsprijs voor haar betaald? Heeft zij de man
van haar keuze kunnen trouwen? Ik durf die vragen niet
openlijk op haar af te vuren. Ze glimlacht met haar zwarte ogen boven de sluier uit: ze is tevreden, ze is gelukkig...
De stegen van het stadje liggen ingeklemd tussen raamlo-
ze muren, de huizen keren de ruggen naar je toe, leven
hun leven binnenwaarts gericht, naar de patio's, vrouwen
praten met elkaar door een getralied venster. Lamu – wat
zit daarachter? De islam is een gesloten boek voor mij,
hermetisch. Het lijkt harmonieus aan de buitenkant. Maar
ik heb geen idee hoe die vrouwen zich voelen. Worden
ze streng bewaakt, zijn ze uitsluitend 'bezit' van hun echt-
genoten? Wanneer ik er Yahya naar vraag is zijn glim-

lach een enigma, superieur: 'Nee, de vrouwen voelen zich beschermd, de man is verantwoordelijk, hij zorgt, de vrouwen voelen zich gerespecteerd, veilig.'

De vrouwen houden net als de huizen hun schoonheden verborgen. Van het land Erotica kan ik niets gewaarworden, ik ben een oningewijde, ik kan de tekens niet duiden, ik heb geen idee hoe vrij of onvrij die vrouwen zich voelen, hoe beschermd of gevangen. Is de prijs die betaald moet worden voor ontrouw nog altijd zo hoog, staat er een straf op vergelijkbaar met het plegen van een misdaad, moord?

'Het zijn vooral de patriciërsdochters die in zo'n streng keurslijf moeten leven,' vertelt de onderwijzeres van het schooltje, een Engelse. 'Vrouwen uit het volk die moeten werken hebben wat meer vrijheid. Ja, er komt verandering, alleen al doordat de beide seksen nu met elkaar naar school gaan, ze leren elkaar kennen, ze kiezen meer en meer hun eigen partner als ze volwassen zijn. Pas na de onafhankelijkheid is hier een school gekomen. Vroeger kregen alleen de kinderen van de rijken onderwijs, meestal privé, die uit het volk leerden alleen de koran. De islam verzette zich tegen scholen. Mohammed forbade learning to his followers...' – Paulus preekte het ook al: 'de eenvoudigen van geest zullen de hemel verwerven.' – 'Kennis kan een mens niet gelukkig maken,' schreef Montaigne, 'door eenvoud wordt het leven aangenamer, onschuldiger...' – Misschien hebben deze moslimvrouwen nog steeds de appel niet geplukt van de Boom der Kennis, misschien leven zij rustig en wensloos in het Huis dat Mohammed voor hen gebouwd heeft en waarvan huwelijk en gezin de voornaamste pijlers zijn – ik weet het niet.

Terwijl ik mijn yoghurtpotje leegeet kijk ik naar de voeten die voorbijgaan: eelt onder de zool, ongebloemd – is deze voet naar school geweest? Een jonge voet, nog onversierd, nog geen eigendom, een voet die nog geen rol speelt in het spel van verleiding.

Op een muurtje bij het strand zie ik adolescente meisjes zitten in hun zwarte buibui's, een enkele – stoutmoedige – heeft de sluier voor haar gezicht opzijgeschoven. Ze zitten giechelend te kijken naar de jongens die op het strand voetballen, zwemmen of worstelen, uitdagend en vrijwel naakt, vlak onder hun oplettende schitterende blikken.

Zodra een meisje gaat menstrueren gaat die zwarte doek over haar heen, als een rouwgewaad over dat nieuwe glorieuze lichaam. Of zie ik dat te veel met westerse ogen? Verlangt zij juist naar dat ogenblik van afsluiting van haar kindertijd. Is die buibui een soort paspoort naar een rijker land: het Rijk van de Vrouw? Geslachtsrijp zijn, dat betekent dat je potentieel iemand bent geworden waarmee rekening gehouden dient te worden: door dat bloed, door de maandstonden heb je je plaats ingenomen in de panta-rhei van de ontvangenden en de barenden. Want nog altijd staat het krijgen van een kind het hoogst genoteerd voor een vrouw in de Derde Wereld.

Ik loop met Yahya de moskee binnen. Aan het snijwerk van de hoge deuren kan je nog iets aflezen van Lamu's voorbije glorie, de zin voor schoonheid en stilering, de decoratieve fantasie. De moskee aan de kade is een lege opaalachtige schelp, je hoort golvengeklots en geritsel van palmbladeren erdoorheen ruisen. In de voorhal zijn jongetjes bezig met spelen met water in de watertrog (Dat is ritueel, beweert Yahya; ik geloof er niets van). Hij giet water over onze blote voeten opdat wij met gekuiste zolen de gewijde grond kunnen betreden. (Moslimvrouwen mogen hier niet binnen, die hebben een eigen achteringangetje.) Behalve enkele koperen Byzantijnse lampen die van de zoldering afhangen is er niets te zien, vloeren en wanden zijn naakt; voor een heilig nisje staat een microfoon opgesteld – hier wordt de nachtelijke gigantenstem geboren, neem ik aan – voor de rest moeten de gelovigen met hun lijven de ruimte stofferen. Warmbruine gezichtjes van kleine meisjes gluren naar binnen, naar ons en naar de jongetjes: de bevoorrechte manlijke sekse die het Heiligdom betreden mag.

Dan opent Yahya een kleine deur in een blinde muur en plotseling ontvouwt zich een lustwarande voor onze ogen, alsof een goochelaar een doek heeft weggetrokken. Een geheime binnentuin wordt zichtbaar met vuurbomen met rode bloemen als wulpse kuslippen, metershoge cacteeën met stekels en grijparmen, zwarte slangedenbomen met reptielachtige schubben op hun twijgen, oleanders, diep donkergroen gebladerte en geur van stilstaand water, bitter en broeis; en te midden van dit alles ligt een dofzwarte naakte neger languissant in een hangmat. Een rondgebogen zwembad ligt als een aquamarijnkleurige schitterende steen in het midden van de tuin, en overal zijn trapjes en terrassen met daarbovenop weer bouwsels onder strooien dakjes waaronder uitnodigende bamboestoelen en ligbedden van gevlochten plantaardig materiaal. En nergens een mens te zien of een stemgeluid te horen. We lopen door labyrintische gangen, klauteren omhoog, kijken neer op een schaduwrijke kleine patio waaruit het ritselen van een fontein opklinkt; het blijkt niet één huis maar een complex van huizen, door trappen aaneengebouwd en verbonden, met overal geheime binnentuinen en exotische doorkijkjes, en vanaf het hoogste dakterras kan je geheel Lamu overzien dat zich verliest tussen de ragebollige palmen en de schitteringen van de Indische Oceaan.

Hier woonde een Engelsman – een maniak – vertelt de neger, die alles opknapte en uitbouwde en aangrenzende huizen opkocht: 'Hij was een alcoholist, dronk altijd whisky. Want hij had geld. Twee weken geleden ging hij midden in de nacht naar de lagunes om te vissen, hij dronk een hele fles whisky, kon de weg terug niet meer vinden en verdronk.'

'Van wie is het huis nu?'

'Er zijn geen erfgenamen. De gemeente van Lamu heeft beslag op het huis gelegd. Daarom moet ik het bewaken.'

Een geestenhuis, de palmbladeren ritselen met de stemmen van geesten.

'Ik zou een dag uit vissen,' luidt de aanhef van een gedicht van Martinus Nijhoff. Maar hier heeft dat dagje vissen wel enige voeten in de aarde. 'Vraag naar een zekere Jaling, die is betrouwbaar,' werd ons door Lamu-kenners geadviseerd. Uit de menigte van visserszonen trad een jongeman met een lange gebogen neus en een sportpet in de ogen naar voren om die naam te claimen. Elena onderhandelde over de prijs (zij woont al enige jaren in Nairobi en kent het klappen van de zweep). Te duur vond ze. 'Zoek nog een paar toeristen die met ons mee willen,' zei ze, 'dan kunnen we het bedrag delen.' Jaling keek ongelukkig langs zijn smalle gele neus en maakte vertwijfelde handgebaren.

'We zijn daar gek,' zei Elena, 'we gaan niet alleen met die Neus het water op.' Kennelijk had zij het niet op de man begrepen. Nauwelijks had Jaling zijn hielen gelicht of er presenteerde zich een andere dhowbezitter die, neerhurkend bij haar stoel, vertrouwelijk op haar begon in te praten: 'Did that man say he was Jaling? Well, I am Jaling. Luister goed naar mij: als er iets misgaat, als jullie straks in moeilijkheden komen, zeg dan nooit: dat kwam door Jaling, want die man is een bedrieger! Ik ben Jaling.'

Schouderophalend mompelde Achmed tegen mij: 'Allemaal blackmail, jaloezie tussen de dhowcaptains...' De echte en de valse Jaling – ik zal nooit weten wie de werkelijke drager van die naam is, of misschien waren ze het geen van beiden, maar Neus die het hele stadje uitgekamd had produceerde tegen de avond twee aspirant-visgenoten voor ons en won daarmee het pleit.

In een pril ochtenduur varen wij uit. De bemanningsleden dragen enorme gerafelde strohoeden in dezelfde verbleekte zilverige tinten als het hout van de boot. Onze tochtgenoten zijn een Pakistaanse student en een dikke Indiase zakenman met een gezicht waarvan de contouren zijn zoekgeraakt en de ogen in vetplooien verzonken – desalniettemin autoritair opvonkend – met een zinnelijke mond en een haarloze kop waarop al spoedig de zon haar kracht gaat botvieren. We vrezen voor een zonnesteek, voor een fatale doorboring van die kale schedel, en om een voortijdig einde van ons vistochtje te voorkomen bied ik hem mijn zonnehoed aan. Die klapt hij op zijn glimmende hoofd met een gegrom dat als dankwoord bedoeld moet zijn – als vrouw ben ik kennelijk geen plichtplegingen waard. Aanhoudend neuzelt zijn stem over geldzaken en over het kapitaal dat de bruiloft van zijn dochter hem gekost heeft. 'Do you hear me?' roept hij met stemverheffing.

Ik ga op de rand van de boot zitten, proberend die geldbezeten neuzelstem uit mijn bewustzijn te bannen, en geleidelijk aan vervalt hij tot stilzwijgen, somber neerzittend, starend naar zijn opgerolde broekspijpen boven de weekdierachtige voeten en gekroond met mijn oranje zonnehoed.

Geluidloos zeilen, zilte wind met vlagen bittere geur vermengd die opstijgt uit de lagunes, varen over oneindig gevarieerde kleuren: zilvergrijs en turkoois tot sepiakleurig en zwart dicht onder de kust waar de mangrovebossen groeien. Lamu wordt een wit kartelrandje langs het water en daarachter, voor ons onzichtbaar ligt het Afrikaanse vasteland met zijn vochtige kuststreek, befaamd om zijn weelderigheid en zijn malariakoortsen: één lange tropische franje. En weer daarachter ligt de 'nyika', de onproduktieve jungle vol acaciabossen, totaal leeg woest land dat Lamu eeuwenlang van het achterland afgesloten heeft gehouden.

Eenmaal uit de kust vangen we weer wind, het grote zeil wordt horizontaal gekanteld; het zijn net vogels, de dhows, met wijdgespreide vleugels en scherpe bekken. Op de bodem van de boot liggen zakken met kiezels voor stabiliteit. Onze stuurman ligt op zijn rug op de achterplecht, handen onder het hoofd, en houdt de roerpen vast tussen zijn tenen. Hij is nachtvisser, 's nachts is hij buiten de eilanden en lagunes in de oceaan. – 'Out in the ocean,' zegt hij. 'Grote vissen zijn daar, haaien. De zee is ruw, gevaarlijk. Soms val ik in slaap, schrik wakker: de boot beweegt, door wind of een vis.' Hij laat een kort stuk hout zien met een massieve ijzeren haak voor de grote vissen; die komen aan de oppervlakte in het licht van de maan.

Ik herinner me hoe Hemingway voor deze zelfde kust langdurig met een haai heeft geworsteld om ervaring op te doen voor zijn *Old Man and the Sea*.

'Als je in het water ligt en de haai komt...' zegt mijn nachtvisser, 'moet je rustig blijven. Laat zien dat je niet bang bent. Niet spartelen, anders denkt hij: there is a fish dying!' Hij lacht met witte tanden tussen violetkleurige lippen. Hij laat mij een blik met wormen en wittige octopusarmen zien die straks als aas zullen dienen als wij gaan vissen.

Traag, steeds trager loopt de boot een lagune binnen, het zeil hangt flauw naar beneden; een sinister tokkelen klinkt op uit de mangrovejungle, het water slaat tegen de hoge steltvormige wortels, de takken wringen zich als slangen naar het licht toe. Kleine witte egrets staan in de ondiepten. Plotseling zie ik een surrealistisch schilderij à la Rousseau le Douanier: uit een opening in de vegetatie komen twee negers met een rieten leunstoel aansjouwen.

Zodra ze onze boot zien zetten ze de stoel neer en komen dichter naar het water gelopen waarbij ze tot hun knieën in het slijk wegzinken. Zo, met gehalveerde benen, zijzelf even glimmend en zwart als de zwarte steltwortels, staan ze daar als in een kwade betovering in de opening van het mangrovewoud, de lege leunstoel, zetel voor een onzichtbare Afrikaanse koning, scheefhangend achter hen.

De vissen zijn zilvergeschubd, groen en blauw gestreept, één vis heeft een gele mond en zwart omcirkelde ogen: ballerina's van het onderwaterrijk. Een hol ratelend geluid, een gekners van kraakbeen klinkt op wanneer de vishaak uit hun bekken wordt getrokken. Hijgend, panisch klapperend met hun schitterende lijven slaan ze tegen het hout van de boot waarin een bodempje lauw water staat – tot ze stil worden, de zon brandend in hun naakte ogen. Ik vang niets, ben daar niet rouwig om. Later wanneer we de vissen roosteren onder een afdakje van palmbladen op een volstrekt leeg oneindig strand, worden ze zwart, trekken hun ruggegraten krom, worden de ogen witte knikkers. De Indiër grabbelt de beste moten bij elkaar die door Elena en mij moeizaam met een zakmes van de graten zijn losgesneden.

Lamu – het lijkt een laatste Arcadië: liefelijk land, land van onschuld en vrede. Er hangt die atmosfeer van ontspannenheid, beminnelijkheid, er is een genieten van zinnelijk leven zonder haast of angst. Want de islam zegt dat ieder mens van het aardse leven mag genieten; er bestaat dan ook niet zo iets als ascese of monnikendom. Wel zijn de moslims als broeders verplicht elkaar te helpen en te ondersteunen – niemand komt van honger om, er zijn iedere vrijdag (hun zondag) gratis maaltijden.

Of zit er toch een worm in de appel? Zie ik het te mooi, te gekleurd door mijn roze vakantiebril?

De oude meester-houtsnijwerker komt naar ons tafeltje

bij Ghai waar wij rijst met mango zitten te eten, en biedt ons een siwa te koop aan: een hoorn die zijdelings moet worden aangeblazen. De siwa's bestonden al toen Vasco da Gama naar deze kust kwam, toen werden ze uit ivoor gesneden, nu zijn het runderhoorns met verlengstukken van mangrovehout. Ik aarzel want het zijn zware onhandige dingen om in je bagage mee te nemen. Met een zekere gêne zie ik die filosofengestalte dribbelen en dansen rond ons tafeltje in zijn vurige poging om toch maar een siwa te verkopen. In zijn ogen zit een smeking als van een hond die opzit en kwispelt, zijn voeten maken onstuitbare trippelpasjes. Achter hem rijst de schaduw omhoog van een onbarmhartig meester: *armoede*. Dit is de dans van de armoede. Dans, oude man, je zult moeten dansen voor je hap eten.

Zijn versleten vinger wijst naar de verschillende motieven waarmee de hoorn is versierd; die hebben allemaal een betekenis, zegt de meester-snijder. Hij wijst ze me aan: Moskee, Blad, Licht, Jasmijn, Ster, Moskee... Hij ontlokt weemoedige donkere klanken aan de hoorn. Later, wanneer ik de siwa van hem gekocht heb, komt hij nog weer haastig terugsloffen om mij met zijn ebbehouten handen witte geurige bloemen van de frangipani aan te bieden. Die steek ik in mijn haar.

Sluimerbedden en samoerai

Ik ben even gaan liggen op een rustbed onder een palmboom. Ik kom van het strand, er was niemand op het strand want, ja, dat vinden de meeste toeristen te ver, te zanderig, te heet; de zee is te zout, te kleverig en misschien zitten daar wel enge beesten – het kan een zegen zijn, ontdek ik nu, wanneer je met onbezwaard gemoed de natuur kunt binnenstappen, geen ogenblik heb ik gedacht aan de aanwezigheid van krabben of steenvissen die met giftige stekels je voeten kunnen verwonden (zoals mij naderhand wordt bericht).

Het strand is zilver, bij eb ligt het als een zilveren laken onder je voet uitgerold want het is stoffijn kwartszand dat met myriaden kristalletjes het licht weerkaatst. Malindi – de liefelijke naam is afkomstig van de vrouw van Vasco da Gama die in 1498 zijn karveel in dezelfde baai voor anker liet gaan waarin nu de glasbodembootjes liggen die van deze kust naar de koraalriffen vertrekken in de inktblauwe lagunes.

Ik sluimer even, de gasten van het hotel zitten aan de lunch, het regiment ligbedden staat leeg – wind strijkt verkoelend over mijn nog vochtige huid. 'Ich habe dieses Bett gemietet...' zingt er plotseling een plagerige stem in mijn oor; ik schrik, zie een Germaanse heer naast mijn sponde, en inderdaad, een kaartje met zijn naam hangt aan de poot van het ligbed. Ik moet eraf, ik heb geen bed gehuurd – dat voorrecht blijkt inbegrepen bij een Duits tourpakket. 'Verzeihung...' mompel ik, beschaamd kijkend naar de natte vorm die mijn lichaam op het linnen heeft achtergelaten.

Alle ligbedden vullen zich nu, niet één blijft onbezet, het voedsel moet verteerd, de lichamen leggen zich neer als slangen die een kalkoen hebben verzwolgen en nu gaan digereren. Jonathan Swifts vlijmende tong definieerde zijn medemensen als: 'doorgang voor voedsel, producenten van mest [...] van hen blijft niets over dan volle privaten.' Maar behalve volle privaten produceren ze hier ook geld. En daar gaat het om. Hoewel slechts een relatief kleine groep van de toeristenindustrie profiteert, want de hotels kopen de beste vis op zodat die voor de lokale bevolking te duur wordt.

Liggen op de sluimerbedden – het lijkt een prolongatie van het tv kijken thuis, alleen is er het fysieke genot van zon op je huid en smaak van exotisch eten aan toegevoegd. Voor de rest is het alsof de sluimergasten naar een film kijken vanaf hun sluimerbed. Soms worden ze in touringcars naar Mombasa gevoerd om in die stad rond te toeren. In het hotel komen de Giriami-dansers optreden – gemakkelijk, je hoeft er niet voor naar de bush te gaan; het is passief, een passief soort dromen, er wordt geen deelname van je geëist, je hoeft geen risico's te nemen. Sommigen gaan iets verder op het pad van avontuur en kopen een inheems meisje of knaap om mee naar bed te gaan, maar dat maakt geen essentieel verschil met het eten van een popo of maïsbrood. Wat nemen ze van Kenya mee naar huis? Een plaatje van palmen, een swimmingpool, uitgestrekt leeg zilverstrand waarop ze amper gelopen hebben, een moskee. Ze gaan naar Afrika en de foto's die ze gemaakt hebben zitten ook in hun hoofd – maar wat hebben ze ervaren? Ze plaatsen glazen voor hun ogen: camera's, verrekijkers, telelenzen, ze vernauwen de wereld tot een minuscuul fragment, ze maken die klein om later in hun plakboek te plakken. Een fenomeen: dat stilleggen van een golf, van een boot die zijn boeg heft, van een voet opgeheven in de dans, een onderdeel van een seconde gepakt uit het boek van de tijd, maar de stroming is weg, de verandering. Later zie je in het plakboek het secondeportret van iemand die al verdwenen is of voortgeschreden in ouderdom – er komen geen barsten in een muur, de boot vergaat niet.

Malindi, het Sun, Sex and Seafood Paradise. Vooral Duitsers worden bij vliegtuigladingen tegelijk in Mombasa aan de kust gedumpt. – Naar Malindi omwille van de liefde, stond er in *Der Spiegel* te lezen. Het weduwenparadijs. Veel Deutsche Muttis zouden op sex-safari gaan, berichtte het nieuwsblad: 'De nieuwsgierigheid van de Duitse dames naar de legendarische potentie van de Masai en Kikuyu heeft het Kenyaanse toerisme geen windeieren gelegd. [...] Nergens zijn de verdiensten en toekomstmogelijkheden voor ambitieuze jongemannen zo goed als in Malindi. Er zijn er die via het bed de sprong naar een Europese universiteit kunnen maken.'

Een lichtend voorbeeld van deze ondernemende jongelui schijnt een zekere Ojiambi, de Watussi, te zijn, die de honderddollar-goudmijn genoemd werd door de hotelportiers die voor hem onderhandelden – uiteindelijk volgde hij een vrouw van midden vijftig naar Duitsland en is nu directeur van een winkelconcern.

Overigens weerspreekt het boulevardblad *Bild* de veronderstelling dat het voornamelijk 'Muttis' zouden zijn die zich aan dergelijke geneugten overgeven, het zou eerder handelen om 'Direktricen, Chefsekretärinnen und Studienrätinnen' – vrijgevochten dames dus; het beeld van 'Mutti' mag niet aangetast worden.

's Avonds is er barbecue met tamtam en op een podium boven het turkooisblauwe verlichte water van de swimmingpool treden de Giriami-dansers aan: de meisjes zien eruit als majorettes in witte korte rokjes, hun borsten preuts bedekt met jakjes vol glitterwerk. Zo vreemd die dans, losgekoppeld van het ritueel, losgekoppeld van het mysterie van het woud, of de beklemmende uitgestrektheden van de steppe. Variétéachtig opeens dat buikgeschud. Maar er is één verschil: de gezichten blijven gesloten en raadselachtig. Vooral één meisje, een adolescente met ogenschijnlijk breekbare lange botten die alle kanten uitwervelen als in de paringsdans van een antilope, lijkt die hele meute van toeristen niet eens te zien. Haar dans is een natuurlijke lichaamstaal gebleven.

Toch heeft Malindi vergeleken bij Mombasa nog iets vertederends primitiefs. Wanneer je je hotel verlaat moet je eerst wel spitsroeden lopen door een allee die aan weerszijden door tientallen kraampjes is omzoomd, en in elk kraampje zit een spin op een vette vlieg te wachten; sla je een blik op hun koopwaar (gesneden houtwerk voornamelijk) dan trilt de draad en komt de maker van het web razendsnel aangerend om de mogelijke prooi met een vloed van woorden en gebaren in te wikkelen. Behalve verkopen willen ze ook ruilen: de badhanddoek onder je arm, de riem in je jeans, het horloge aan je pols tegen een houten olifant of giraffe. Maar wanneer je eenmaal ontkomen bent, al of niet met houtsnijwerk, dan ligt daar het oude rommelige Malindi met zijn haven en vishal, markt en kleine moskeeën, dan zie je de strooien puntdaken uit het oerwoud opmarcheren en zich tussen de stenen huizen mengen. Een oude neger zit achter een antieke Singer trapnaaimachine. De tengere schuwe Giriami-vrouwen uit het oerwoud dragen een soort 'queue de Paris', een rond kussentje onder hun veelkleurige khanga; heel feminien, heel bekoorlijk zoals die ronde bebloemde derrières zich in ganzenmars voortbewegen over het eindeloze smalle pad van Afrika. (Winston Churchill beweerde in zijn Afrikaans dagboek dat je je het gemakkelijkst per fiets over dat eindeloze manbrede pad kon verplaatsen, zelfs door de dichtste oerwouden.)

Ik ontdek de geheimenissen van de koraalriffen. De bouwers zijn minuscule architecten. De variaties erin zijn honderdvoudig, levend zien ze er ook weer anders uit dan dood, levend lijken ze op cactussen vol ronde bloemrozetten, leeg zie je de kalkplooien, de uithollingen, worden het steenbloemen in vele verschillende groeivormen zoals orgelpijpkoralen, hersenkoralen, waaierkoralen.

Het raampje van de glasbodemboot zit vol krassen en waterdamp en is in de hoeken met slijmerige algen begroeid, daarachter verschijnen als bleke spooksels enkele koraalbloemen, zelfs de vissen schijnen het raampje te mijden. Nee, de tover van de koraaltuinen onderga je pas wanneer je te water gaat en begint te snorkelen. (Ik prijs me gelukkig de zwemkunst meester te zijn, de meeste Duitsers moeten in het bootje achterblijven en dobberen verveeld op de golven.) Dit Malindi National Sea Park is een zeldzaamheid, er zijn maar weinig beschermde koraalriffen in de wereld, bij mijn weten alleen één voor de kust van Florida. Een beschermd Eldorado, geen speren, harpoenen of netten verstoren hier het onderwaterleven – is het daarom dat de vissen zo vlak om je heen zwemmen? Het koraal lijkt op paddestoelen, tafelgebergten, bloemkolen, boomkruinen, grotten. Vlindervissen lichtend geel op rug en staart, met een klein verstandig oog in een donkerbruine band peuren met de lange tuitmond, waarmee veel koraalvissen zijn toegerust, voedseldiertjes uit de holten. Ik drijf tussen geaderde wezens, foetusachtige viswezens, ik zelf ook embryoachtig, het water is lauw als van een baarmoeder; ze hangen onder mij binnen handbereik, bewegen hun doorschijnende vinnen, sidderen, het lijkt of ze lachen; ik zweef boven ze als een gigantische zeppelin – ben ik ook vermaak voor hen? Houden zij een excursie 'zeppelin kijken'?

Ik zie een gouden vis met blauwe strepen die weer met lichtgrijs zijn afgezet, de kleur heel bleek hemelsblauw, andere weer turkoois met gele banden en kleine vlekken op de ondervinnen – doen hun lichamen de schitteringen en golvingen van het water na? Roofvissen jagen op de ogen van hun slachtoffers en daarom zijn die dikwijls met donkere banden gecamoufleerd, of de koraalbewoners hebben een fop-oog op rug of staart.

Nurkse lippen, sensueel geschminkte lippen in blauw of groen, gemelijke ogen op steeltjes, misnoegd wenkbrauw-fronsen, lachende zachtogige hemelsblauwe schepsels, soms ook zwijnssnuitjes, trompetjes, zilveren en gouden vlindervislijven, bespikkeld of wolkig met waterverf in-gekleurd. Fabelachtige ernst, zuinige mondjes, Japanse ogen in gouden ringen gezet – dat zijn de samoerai, de oorlogsheren – pruillippen, galjoenen met zware ronde buiken. Ik zie een doorschijnend lancetvormig poetsvisje aan de flank van een groter exemplaar sabbelen. Die geeft opeens een klap met zijn vin, misschien ten teken dat hij een eind aan het gepoets wil zien, en dan schieten zij sa-men weg tussen de bouwsels van koraal, in het gigantisch onderwater-Paleis van de Postbode.

Ik denk aan Picasso, ik ben jaloers op de schilders die in de natuur zulke waanzinnige domeinen, zulke onuit-puttelijke inspiratiebronnen vinden. Wat kan je hier be-ginnen met woorden? Stel dat je als schrijver de taal van vissen, landdieren, vogels kon verstaan, stel dat je de ritmeringen, de klankkleur, de emoties daarvan in men-sentaal kon overbrengen – zou dat een nieuwe schrijf-kunst opleveren?

– reiziger,
later, als ik niet meer in leven zal zijn,
zoek mij, zoek mij dan hier
tussen de stenen en de oceaan,

hier zal ik zowel gevonden worden
als verloren,
hier zal ik zowel steen zijn
als stilte.
   Pablo Neruda

Ik beleef de tijd.

Ik zit op een oude grafsteen in Gedi, met mijn rug tegen een hoog opgericht fallisch monument geleund, de 'Fluted Pilar' genaamd, een fluit waardoorheen de adem van de dood blaast. Op de graftombe naast de mijne, die met een grote ovale deksteen is afgedekt, staat nog leesbaar een datum gebeiteld: 1399 A.D. Het oerwoud en de afgebrokkelde half opgeslokte ruïnes van de verlaten stad vormen een dicht ineengeweven maar toch lichtend gobelin om mij heen, licht omdat zoveel bomen hun bladeren hebben laten vallen om de lange droogte te overbruggen, wachtend op de regentijd. Sommige lijken al afgestorven, zo papierachtig wit zien ze eruit, de uitputting nabij, maar worden nog door omringende kornuiten overeind gehouden. In de verte klinkt een schreeuw van een vogel of een aap, voor de rest heerst er diepe stilte, een vreemde afwachtende spanning.

Ik ben alleen. Dit is wat ik wilde: alleen zijn in de vroege ochtend voordat eventuele busjes met toeristen uit Malindi of Mombasa dit oord komen bezoeken. Ik heb Ali, de moslim, mijn taxichauffeur die mij vanuit Malindi hierheen bracht weggestuurd, ik heb hem langzaam zien weglopen met zijn pezige blote benen onder zijn shorts, met iets nukkigs, aangetast in zijn eer van gids. Misschien is hij nu een uiltje aan het knappen in de schaduw van zijn oude Chrysler waarin op de achterbank zijn versleten gebedskleedje ligt waarop hij vijf keer per dag de knieën buigt, waar hij zich ook bevindt. Fantastische uitvinding, dat tapijtje, je hebt je eigen geheiligde grond altijd bij je. 'Heb je een vrouw, Ali?, een gezin?' vroeg ik hem toen we hierheen reden. Hij schudde het hoofd. 'Misschien later, een vrouw kost geld. Ja, je mag vier vrouwen hebben. Dat is geoorloofd. Maar als je zo rijk bent moet je ook naar Mekka gaan. Als je dit doet, moet je ook dat doen, als tegenprestatie. Altijd. Dat is moslim. Ben je rijk, moet je naar Mekka gaan, moet je de armen te eten geven...'

Hij leerde mij de namen van de bomen: de mangoboom, de popoboom, de kapokboom met dikke grote peulachtige vruchten aan kale takken. Hij plukte een papaja voor mij af. En nu heb ik hem weggestuurd. Waarom? Omdat ik iets wil betrappen, ik weet zelf niet goed wat: de tijd, de stilte, de stem van Afrika. 'Pas op voor de slangen, memsahib,' zei hij nog, met een spottend lachje als om mij op de proef te stellen. 'Zijn er hier veel?' – 'Ja, veel, altijd veel in het oerwoud, maar ze zijn schuw, overdag verstoppen ze zich, in de schemering komen ze te voorschijn. Pofadders, dat zijn kwaaie slangen, heel traag, heel dik en opeens, paf, slaan ze toe.' Met deze woorden die een subtiele wraakoefening inhielden wandelde hij weg, zijn broek ophijsend waarvan de wijde pijpen boven zijn knieen fladderden.

Toch voel ik me angstig zonder Ali. Maar doorzetten

nu, niet jezelf in de kaart laten kijken. Luisteren naar de stilte, romantisch zitten wezen.

Ik haal een zakmes uit mijn schoudertas en schil daarmee de groene papaja die Ali mij gaf – bezigheid kalmeert de zenuwen. In het hart van de papaja zitten glimmende ronde zaden, precies zwarte kaviaar, het vruchtvlees smaakt als van een flauwe meloen.

Ik hoor mijn hart kloppen in mijn suizende oren, dat hart klopt door, loopt met afgemeten pas door de tijd, ik ben een levende klok. Terwijl alles om mij heen gestold lijkt, de seconden, de uren, alles ingedikt als trage modder. Alleen ikzelf tel de tijd af: mijn papaja-eettijd, mijn grafsteen-zittijd, mijn Afrika-reistijd, mijn levenstijd, al die partikeltjes tijd passen als Chinese doosjes in elkaar. En weer daar omheen vouwt zich de veel grotere tragere tijd: de tijd van de bomen, de tijd van de ruïnesteden, de tijd van de civilisatie, van de langzame omwentelingen. De Tijd, in de oudheid al bekend als de Schepper en de Verslinder van alles wat bestaat.

Ik heb het grootste gedeelte van mijn leven achter mij, je kunt min of meer aan mij zien hoe oud ik ben. Bij kinderen is de tijd het meest aanschouwelijk, je ziet de verticale groei, ze komen rechtop, de lucht in, zoveel centimeter boven de grond. De tijd vormt de huid, het haar dat uit de schedel groeit, bouwt de botten en stuwt ze omhoog. Een kind, dat is de verzichtbaarde tijd; je voelt je als moeder plotseling oud wanneer je je langbenige zoon naast je hebt lopen.

Bij bomen wordt het al moeilijker, daarbij kan je na een aantal jaren al niet meer schatten hoe oud ze zijn, ze vormen hun geheime jaarringen in hun donkere binnenste. Sommige bomen die hier staan zijn misschien ouder dan de ruïnes; van de baobabs wordt gezegd dat zij duizend tot tweeduizend jaar oud kunnen worden. Links van mij drukt een grote baobab zijn grijze mammoetpoot in de aarde, zelfs de kale takjes op zijn schors lijken op de schaarse beharing van een olifantshuid. Een merkwaardige persoonlijkheid, de baobab. Een legende vertelt dat de Schepper op een goede dag zo vertoornd op de baobab raakte dat hij hem uit de grond rukte en omgekeerd met de kruin weer in de aarde plantte. Zijn takken lijken dan ook op gladde kronkelende wortels die vertwijfeld op zoek zijn naar houvast in de ijle lucht. Wat kan zijn misdrijf geweest zijn dat hij zo streng werd gestraft?

Ik gooi de papajaschillen weg en loop langzaam door de ruimtes die eens vertrekken van huizen en paleizen moeten zijn geweest, onder poorten door die toegang geven tot moskeeën, nu slechts opgetrokken uit schaduw en zonlicht. De grillige sculpturen van de oerwoudbomen spelen mee om een nieuw concept van de stad te maken. Een vijgeboom die half vergroeid is met de ruïnes vormt een wonderlijke symbiose, een fraai staaltje van ongewilde architectuur. Hij is ontkiemd boven op een muur en heeft later zijn wortels naar beneden gezonden, ook vanuit zijn zijtakken, en die vormen nu samen met de afgebrokkelde muren wonderlijke poorten en doorkijkjes.

Frank Lloyd Wright die het beroemde huis 'Falling Waters' ontwierp waarbij hij bomen en watervallen een integraal onderdeel liet uitmaken van zijn bouwsel, zou hierbij zijn vingers hebben afgelikt.

Welk een vreemde verloren stad: Gedi. Eeuwen hebben haar toegedekt onder een donkere deken, niemand wist meer van haar bestaan. Ik heb mij laten vertellen dat zij in de twaalfde of begin dertiende eeuw gesticht werd door vluchtelingen uit Oman die overal langs de kust nederzettingen maakten zoals ook Lamu en Mombasa. Maar waarom werd zij vier eeuwen later overhaast verlaten, wat bedreigde of moordde haar inwoners uit? Een vijandige stam? Of die andere heimelijk rondzwervende afgezanten van de dood: de insekten, de malariamug, de tsetse-vlieg of nog kleinere onzichtbaarder doodverspreiders? Want de insekten hebben duizenden jaren hun territorium verdedigd, in de warme tropische kustlanden heersten altijd epidemieën die zich als vuur voor de wind verspreidden. Maar deze stenen vertellen niets meer van het komen en gaan van mensen, van hun tragedies, de sporen zijn uitgewist, de dood heeft zich teruggetrokken in de diepste schuilhoeken. Toch hebben handen deze stenen losgehakt uit het prehistorische koraalrif waaruit de kuststrook is opgebouwd; door handen namen ze vorm aan en werden ze samengevoegd tot deze liefelijke bogen, tot muren met kleine ramen als ogen die uitzien op de vergetelheid. Stenen blijven langer bestaan dan mensen, mensen rollen weg, snel, de een na de ander.

Op de luchtstroom glijdt een blad voorbij, rondgebogen als een kleine droge boot varend op de lucht, schijnbaar doelgericht, maar de aarde zuigt het aan, de kleine dorre boot begint uit de koers te raken, te draaien, te kantelen en strandt uiteindelijk op de grond – de luchtreis ten einde.

Opnieuw schreeuwt een dier een signaal. Het is warm, verontrustend. Ik ben heel klein, een atoom in de ruimte, met een mysterie aan iedere elleboog. Waar is mijn Fluted Pilar? Het grijze labyrint strekt zich verder en verder uit in het oerwoud. In Knossos was een labyrint. Een labyrint ging je binnen om je zelf te testen, het was een symbool voor de moeilijke weg die je moest afleggen alvorens je doel te bereiken, je moest je een weg zoeken naar iets of iemand, of een geheimenis, iets wat inzicht moest verschaffen in het raadsel van je leven. Alleen een ingewijde kon straffeloos een labyrint binnengaan. En wat ligt hier in het hart van dit labyrint? Misschien is het de Tijd.

De Tijd – ik zag een lege klok voor het in onbruik geraakte station in Kansas City. Alleen het frame stond er nog met de lege klokkekast en de beide ronde glazen waarachter de wijzerplaten hadden gezeten waarop reizigers een blik hadden kunnen slaan op de laatste minuten vóór hun trein vertrok. Twee sierlijke kelkachtige lampjes op smeedijzeren steeltjes bogen zich van de top van de klokkekast voorover om de tijd te verlichten die er niet was. Er was niets dan lucht tussen glas. Het niets ingelijst, de eeuwigheid ingelijst. – Ik lag op de operatietafel in Griekenland met zo'n antieke chloroformkap over mond en neus, het mes moest in mijn buik omdat een vrucht, een partikeltje leven per abuis buiten de baarmoeder was begonnen te groeien. Ze zeiden tegen mij: je moet tellen. Als een kind in de schoolbank begon ik aan die taak: de tijd stuk tellen die mij scheidde van het niets; het was niet zeker of ik weer uit de narcose wakker zou worden, ik zag die cijfers geschreven met krijt op een zwart vlak, ze rimpelden een beetje, werden een tunnel ingezogen, ik zou zó met die getalletjes de eeuwigheid zijn in gewandeld.

Tellen bij verstoppertje spelen: negen tien, ik kom. De tijd indelen in kleine bevatbare deeltjes, ieder onderdeel met een eigen functie, een doel – de tijd opvullen en dan gevuld achter je laten: dat en dat heb ik gedaan, stukje opgevuld. Altijd ben je bezig met het moment vol te maken en te fixeren. – Naast mijn bed stond een elektrische klok met gloeiende rode cijfers die versprongen, iedere seconde viel weg met een lichte klik, mijn leven werd afgeteld. – Ik droomde van een rails die glom in het maanlicht, er viel lichte stuifsneeuw, de trein zong zijn slaaplied tjoengetjoeng, hij reed door een onbekend land, passeerde geen enkele stad.

Ik zoek mijn Fluted Pilar. Al die rare aangevreten zuiltjes rijzen als vingers uit de grond omhoog, vingers van stilte. Ik struikel over een liaan, de zon is weg, de lucht ziet er vreemd olijfkleurig uit. Goddank is daar weer mijn grafsteen, ik ga erop zitten, het zweet kriebelt onder mijn haar, mijn hart bonst. Ja, ik ben een klok, een gecompliceerde westerse klok, mijn seconden worden dringend afgeteld als voor een hardloper. En waarheen spoed ik mij dan wel?

Ik voel me teleurgesteld in mezelf, ik wilde immers zo graag hiernaar toe komen om de duur van de dingen, de bijna eeuwigheid gewaar te worden, om even aan het Nirwana te nippen. Maar dat 'even', dat deugt natuurlijk niet, dat is het onrustige addertje onder mijn schedeldak. Paradoxaal genoeg heb ik tijd nodig om de Tijd te ervaren. Is het levensritme in Afrika anders? Hoe komt het dat de Afrikaanse mens zo rustig voor zijn hut kan zitten, bij zijn vee, of op de hoek van de straat, gewoon *Kukaa-Tuu*: zitten slechts, terwijl het lijkt of zijn blik zowel naar buiten als naar binnen gericht is, alsof hij dromend waakt, alsof alles wat hij waarneemt samengeweven wordt met de overpeinzingen van zijn geest? Ervaart de Afrikaan de tijd op een andere manier, laat hij zich meeglijden als een strootje op een rivier, leeft hij parallel met de tijd? Zonder verzet, zonder paniek? Terwijl wij steeds bezig zijn tegen de stroom in te zwemmen, steeds maar doende fragmentjes tijd te veroveren met de angstige wens het momentane te fixeren om het niet te laten wegvloeien naar ouderdom en dood.

Voor de Afrikanen is Zijn misschien belangrijker dan Doen. Zij zijn 'Zijn-mensen', vertrouwd met het stromende, voorbijgaande. Wij zijn 'Doe-mensen', altijd in de weer iets te bereiken, veranderen, regelen, onderzoeken, bewerkstelligen. Zij zijn de vertrouwelingen van de Tijd, wij zijn Moment-mensen. Wij lijsten de tijd in, in de klokken, de wekkertjes met de rode cijfertjes die wegvallen.

Onze westerse symbolen voor de tijd: de klok, de zand-loper, de zeis van de Maaier zijn allemaal beëindigers, af-snijders van het leven. Maar het Oosten kende van ouds-her de cirkel en de opgerolde slang als symbolen voor de kosmische cycli. De cyclische tijd heeft me altijd aantrek-kelijk toegeschenen en me een gevoel van geborgenheid gegeven, alsof ik veilig omsloten werd door een ontzag-lijke bol waarbinnen al het levende altijd wedergeboren zou worden. Ik ben helemaal niet gesteld op de lineaire tijd die de wetenschappers hebben uitgevonden – waar haast die zich heen? Komt er ooit iets van terug?

De Tijd als een wandelaar langs het zenit. De Tijd als een processie van Goden zoals de Egyptenaren zich voor-stelden – die Tijd is voorbij. En mijn papaja-eettijd is voorbij, en mijn grafsteen-zittijd is bíjna voorbij. Ik zou graag een sigaret opsteken, maar dat kan ik niet maken na-tuurlijk, de bomen zijn te strenge toeschouwers, zij, de bewakers van de Tijd en het labyrint en de verloren stad.

Opeens valt er een druppel uit de verdikte wolken, iets als een nerveuze föhnwind licht het stof op van de grond. Ik blijf nog zitten. In de verste verte is mijn chauffeur niet zichtbaar, ik ben opeens niet zeker meer in welke richting hij verdwenen is. Als een stom dier blijf ik op die zes eeuwen oude grafzerk zitten en voel hoe de kleren aan mijn lijf gaan plakken. De regen valt harder, warm, een tropische sauna, damp komt uit de grond zoals bij vulka-nische geisers. Een lang hinnikend geluid in de lucht, een windstoot. Ik begin te hollen, bubbels springen in de plas-sen als borrelende lava, boven mij wild geworden prui-ken van groen. Uit de verte hoor ik geschreeuw: mijn chauffeur die roept van onder een mangoboom vandaan; kennelijk bang om zelf ook nat te worden maakt hij lange zwarte wenkgebaren. Dan draait hij zich om en ik volg hem. Wij rennen als twee verdwaasden naar iets toe, hij keert zijn glimmende kop naar mij toe, zijn haar lijkt te leven boven op zijn hoofd, omhooggezogen, met zijn springerige pezige benen neemt hij moeiteloos de plassen waar ik met mijn rok omhoog geschort middenin plens – never mind, mijn sandalen zijn van plastic. Regen recht als gekamd haar, het bos fabelachtig vreemd opeens alsof duizenden monden spuwen en babbelen en slurpen, de aarde antwoordt het hemelgeweld. Takketak, de salvo van de donder, we passeren een kleine akker met een groeisel dat misschien gierst kan wezen, en dan komen we bij de nederzetting van de Giriami's waarvan ik de daken al door het oerwoud heb zien schemeren toen we op weg gingen naar de ruïnestad: grote hutten, helemaal harig met grasdaken die bijna tot op de grond reiken, druipende hoofden van reuzen. Nadat Ali zich met de vingerknokkels op de borst heeft geklopt en het een en ander in Swahili uiteengezet heeft, mogen wij binnentreden in een van die enorme naar riet geurende naaimanden waarbinnen zich allerlei ondefinieerbaar gereedschap bevindt: bolle en ronde en spoelachtige voorwerpen, kookgerei en hakken, driepotige krukjes, kalebassen en als pièce de résistance een enorm vierkant bed van bamboe en met een van palmblad gevlochten matras – ongetwijfeld een legerstede voor de gehele talrijke familie. Mij naar links en rechts buigend murmel ik: 'Jambo, jambo', naar oplichtende ogen en gebitten die in de diffuse ruimte schijnen te zweven.

Bij de ingang van de hut zit een oude vrouw met een ingewikkeld netwerk van rimpels over voorhoofd en wangen verspreid en een strak gespannen mond als van een geprepareerde mummie, zij lijkt de totem van het dorp. Haar hoofd knikt voortdurend lichtjes op en neer – een onwillekeurige beweging of teken van goedkeuring?, maar dat maakt geen verschil want haar gemoedsrust lijkt oneindig terwijl haar roodachtige pupillen door de hutopening naar het somber gedruip staren en naar de nevels die omhoogstomen uit de grond en beheksend tussen de boomstammen dwalen.

Het onweer trekt voorbij, de lucht verheldert. Intussen is het geurpatroon totaal veranderd, de regen heeft een ander geurgordijn neergehangen, alsof de zon en de regen gezamenlijk de grond aan het bewerken zijn. Kinderen komen naar buiten, jonge meisjes. Zij daar met dat hooghartige schuwe hoofd, met die knokige knieën in het midden van die lange benen als van een hert, was zij het niet die in Malindi danste bij het eetfestijn in mijn hotel? Ali vraagt het haar en het fraaie kleine hoofd knikt nauw merkbaar. 'Je danste mooi,' zeg ik in een plotselinge opwelling van geestdrift, 'Nzuri sana!' Mijn gevoelens voor Afrika zijn opeens zo overweldigend dat ze met mij op de loop gaan, ik pak haar hand om die te schudden: 'Nzuri sana!' Haar hand is koud en de mijne heet, zij beantwoordt de druk van mijn vingers niet, ik voel me opeens afgewezen door deze jeugdige aristocrate van het woud.

Op het moment dat wij afscheid hebben genomen om terug te gaan naar de Chrysler klinkt er schril geschreeuw achter de hutten. Een aantal jongens staat in een wijde kring, met de lijven iets gedraaid en steunend op één been alsof ze klaar staan om weg te sprinten. In hun midden ontwaar ik iets dat op een dikke zak met oogjes lijkt, een soort padachtig dier, half verborgen in het hoge gras, dicht bij een holle boomstam, het lijf is beschilderd met groene en donkerbruine vlekken en motieven als een gecamoufleerde legerwagen. Het beest doet alles om op een stukje beschaduwde grond te lijken. Een van de jongens is gewapend met een lange stok, de anderen rennen weg en ik zie hoe ze met het hoofd naar beneden als grazende struisvogels hier en daar iets oppikken van de grond, ze keren terug met stenen in hun handen. Ik zie de ogen van de dikke zak aangloeien, de kop komt als een telescoop uit het lijf gegleden, de slangestaart wordt zichtbaar, de gevorkte tong flikkert een waarschuwing. 'Dat is hem, de pofadder,' zegt Ali.

De adder is kennelijk van zins terug te glijden in haar schuilhoek, de holle boomstam, maar voor ze die bereikt heeft ketst een steen tegen het hout en treft haar tegen de flank. Opeens lijkt ze in omvang te verdubbelen zo sterk blaast zij zich op, haar kop doet een razendsnelle uitval en haar tanden slaan in de steen die opzij gerold is. Zij twijfelt, weet kennelijk niet wie haar aanvaller is, schuift naar de zwarte dansende benen die haar omringen. Zij richt zich op uit haar geducht uitgedijd lijf, met de hals doldriest heen en weer zwaaiend, een gesis ontsnapt haar als lucht uit een ventiel.

Zij recruteert de gehele achter haar aanlopende colonne van rupsbandachtige ribben, maar er moet al iets mis zijn in haar achterhoede, een kwetsuur die haar hindert. En steeds meer stenen hagelen op haar neer, haar lijf begint in convulsies te kronkelen, er breekt geel vocht uit haar schubben, haar kop lijkt half ingedrukt, maar nog steeds, hoewel zwakker, tast de gevorkte tong naar de luchtstromingen, de bewegingen en lichaamswarmte van haar vijanden.

Alsof het lot hem heeft aangewezen voor deze speciale taak maakt de jongen met de stok zich los uit de groep. Al het gejoel en schril gekwetter van klanken waar ik geen touw aan heb kunnen vastknopen verstomt nu om plaats te maken voor eenzelfde geëlektrificeerde stilte als daarstraks voor het losbreken van de donderklap; achter mij hoor ik alleen het bonzen van blote voeten over de lemen grond waaruit ik opmaak dat er meer toeschouwers komen aanlopen. Het slangelichaam ligt in een vreemde knak alsof het inwendig is gebroken, maar de ogen lijken op te lichten met een geïntensifieerde gloed alsof zij beseft dat haar een ultimatum is aangezegd en zij het laatste restje van haar levenskracht samentrekt om nog één keer haar kans te berekenen om haar doodsvijand te treffen. De jongeman is in het strijdperk getreden, ik zie zijn schouderbladen als vlinders onder zijn zwarte huid – twee schepsels, uitdelers van de dood tegenover elkaar. Opeens spert de slang haar muil wagenwijd open met de glinsterende giftanden ontbloot, maar op hetzelfde moment zwiept de stok neer, precies achter haar kop. Zonderling zo snel als ze leegloopt, plat en onaanzienlijk wordt, zelfs haar schubben worden doffer naarmate de onzichtbare vitaliteit haar ontvliedt.

Later stoken ze een vuur, tillen de slang, zonder haar aan te raken, over twee takken bengelend (de staart kronkelt nog even, enkele cellen hebben de boodschap nog niet doorgekregen dat het einde gekomen is) en leggen haar in de vlammen.

'Het gif moet verbrand, anders trap je op een slangetand, die prikt je en je gaat dood,' zegt Ali. Een paar kinderen klappen in hun handen en zingen een liedje dat klinkt als een afterijmpje, zo iets als iewiewaaiweg. De slang is af, is uitgebannen. De vlammen likken langs het reptielelijf en even lijkt het of dit tot nieuw leven gewekt wordt en als een phoenix uit de as zal verrijzen, want de adder zwelt weer, krinkelt een beetje als ontwakend uit een slaap. Gesis ontsnapt – aan haar of aan het vochtige hout? Ze doet haar naam van pofadder eer aan want ze knapt en knalt als kastanjes die op hete kolen gepoft worden, haar schubbenkleed barst en harsachtige druppels vloeien sissend in het zinderende vuur. Gebiologeerd blijf ik kijken naar het krimpen en zwart worden van de lederhuid, het omkrullen als van zwarte bloembladeren.

Achter hun gloeiende metershoge hagen van bougainvilles zitten ze nog de goeie oude tijd te herkauwen toen Afrika nog één groot speelterrein voor blanken was, zoals Roosevelt het eens heeft uitgedrukt: de oude kolonisten die na de onafhankelijkheid niet meer terug wilden naar hun grijze natte eiland in de Atlantische Oceaan. Het is hun vergund hier hun laatste levensjaren (en kapitaal) te slijten. 'We hadden honden en paarden en bedienden, we speelden golf, net als in Engeland, alleen het klimaat was beter en je had meer ruimte,' zegt Mark Beaverbrook, een Britse lord die hier op de Malindikust is achtergebleven. Onder een linnen safarihoedje staren zijn verbleekte Noordzeeogen mij aan achter een wankel lorgnetje, hij zit in een schommelstoel op het bordes met whisky onder handbereik. Mijn taxichauffeur Ali is bij de ingang van de tuin achtergebleven en onderhoudt zich gesticulerend met de zwarte tuinman die de heg knipt.

'Where are you from?' vraagt lord Beaverbrook. 'Holland... My wife came from Wales, no not whales haha, but Wales. Ever been there? Beautiful rolling hills.' Bespeur ik toch een lichte noot van heimwee?

Ik ben hierheen gekomen om zijn slangenfarm te bezichtigen, maar vooralsnog laat hij mij niet gaan, eerst moet ik een old Scotch met hem drinken. Het worstevel in zijn nek is te ruim en er piekt kroezelig wit nesthaar onder zijn hoedje vandaan, de kreukels in zijn linnen jasje lijken op de verkeerde plek te zitten – ouderdom is dat eens solide welvaartslijf aan het uithollen, Pietje de Dood kondigt zich aan in de knokige handen die met een dun vel overtrokken zijn.

'Vroeger organiseerde ik slangensafari's,' zegt hij. 'De mens zoekt altijd sensatie nietwaar? Bloedstollende ontmoetingen, haha. Maar ik ben nu te oud, ik laat dat allemaal over aan jongere guys. Oud worden, dat is tegennatuurlijk, I can tell you, het is mensonterend, je wordt kreupel, je wordt getikt...'

Kleine rozetten van paarse aderen ontsprongen op zijn neus en wangen. Met zijn whiskyglas tegen het mijne tikkend zegt hij: 'To your health and to my old age...' Met grimmige olijke oogjes blikt hij om zich heen alsof hij iemand uitdaagt. Iemand die zich achter die krankzinnig karmijnrode en purpergloeiende bougainvilles verborgen houdt en zijn kans afwacht om dit antieke exemplaar van het British Empire in de kraag te vatten.

'Een olifant omleggen', zo heette een beroemd verhaal van George Orwell. Maar Beaverbrook heeft er in zijn tijd heel wat meer omgelegd! Nadat hij mij met kleine zachte stappen – onverwacht soepel toch, als van een kat – is voorgegaan opent hij het heiligdom van het vuurwapenkamertje waarin zijn collectie staat uitgestald: het antieke zware lontroer – 'dat heb ik nooit gebruikt, dat was vóór mijn tijd' –, het vuursteengeweer, de dubbelloopsgeweren, de thunderbolt – een soort voorloper van de fragmentatiebom –, de buks.

'Het lontroer was zo zwaar dat je het eerst op een gevorkte steun moest vastzetten. Gevaarlijk, want vóór je kon vuren kon je al door een kudde zijn platgewalst. Dat verdomde lontroer heeft heel wat jagers om zeep geholpen. Maar niets kon ze weerhouden, al dat ivoor blikkerde voor hun ogen, dat was een goudmijn.'

Liefkozend beroerden zijn vingers de glanzende lopen. Zijn linnen broek hangt van achteren in plooien, het kruis laag tussen zijn benen, olifantachtig. De paraplubak is een olifantspoot, de prullenmand een baby-olifantspootje met de platte nagels fraai gelakt, een gelooide olifantspenis ligt op het dressoir.

'Deze hier, deze grote bruut, die had me bijna te grazen,' zegt hij, wijzend op een witte hologige schedel met rijp geel ivoor gewapend, die aan de muur hangt. 'Een ouwe solitair, zo achterdochtig als een haas, hij heeft mijn geweerdrager tot pulp getrapt. Met een solitair liep je dikwijls meer risico's dan met een kudde. Een kudde moest je van twee of drie kanten beschieten zodat ze in paniek raakten en gingen rondwielen, dan kon je je keus maken en de exemplaren met de zwaarste slagtanden eruit weg schieten. Soms doodden we er wel twintig in één enkele keer. In mijn jonge jaren was het een goeie tijd voor ivoor, er was plenty. De runderpest had enorm huisgehouden onder het vee van de Masai en die waren zelf ook gedecimeerd door ondervoeding en een pokkenepidemie. In al dat lege land dat niet meer afgegraasd werd, hier en in Oeganda, daar bloeide de olifantenstand weer op. Ja, ik heb de mooiste tijd meegemaakt...'

Hij laat foto's zien: Beaverbrook onherkenbaar jeugdig zittend onder een tropenhelm als een witte champion tussen neergestorte mastodonten, Beaverbrook picknickend te midden van zijn slachtoffers, Beaverbrook in heldhaftige pose staande op een geschoten leeuw, Beaverbrook met kadavers van allerlei slag. (*George Simenon zei: 'De mens is inferieur aan de dieren. Ik zag een man op een foto die trots poseerde naast tien neergeschoten leeuwen, maar ik ken geen dier dat poseert naast tien gedode dieren.'*)

Met zijn knekelvinger prikt hij in mijn maag: 'Je denkt dat de olifant een log dier is hè? Omdat je hem ziet als menageriedier of in de dierentuin, maar laat ik je zeggen, hier in zijn oorspronkelijke omgeving is hij net zo behendig als een kat, hier in dit kolossale gras hoort hij thuis als een konijn in een Engels park, haha.'

Meer foto's van Beaverbrook, de muren van het vuurwapenkamertje zijn er mee overdekt: een olifant opengesneden, de hele rommel van zijn ingewanden ernaast, en uit de buikholte kijken de grijnzende gezichten van Beaverbrooks dragers. 'Die guys namen een bad in het bloed. Dat bloed stond wel een halve meter hoog in de buikholte, a nice swimmingpool. Sommige inboorlingen smeerden hun hele lichaam in met bloed. Dat lieten ze drogen, wasten ze niet af. Waarom? Ze dachten dat de kracht van dat beest op hen overging. Ze aten het hart – dat was de meest geliefkoosde lekkernij.'

Binnen een kooi hangen pythons in een kaaltakkige boom, hun lichamen slingeren zich om elkaar heen en vormen een Gordiaanse knoop waaruit de koppen zich wiegelend verheffen, omhoog stijgend en bewegend op een onhoorbare symfonie. Ergens in een stoffige hoek hangt een doorzichtig schubbennet, een afgeworpen bruidskleed. Zelfs de brillen voor hun ogen werpen ze af, alles vernieuwt zich (van oudsher betekende de slang dood en wedergeboorte). Hun oog knippert nooit, ze dragen contactlenzen – de mens heeft niets uitgevonden.

Naast de kooi staat een ongemeen zwarte man: de slangenbewaarder; zijn huid lijkt bedauwd en met glinsterende pareltjes bedekt, zijn lipvlees is roze als het binnenste van een watermeloen. Half glimlachend onderwerpt hij mij aan een kritisch onderzoek. 'You want python?' vraagt hij en maakt een slingerend gebaar rond zijn nek. De attractie voor toeristen. Ik geef Ali mijn fototoestel en leg hem uit hoe het mechanisme werkt, want hij moet mij vereeuwigen. Ze staan om me heen, Ali en de tuinlieden, een vonkje spottende hilariteit in hun bodemloze donkere ogen: ik moet de vuurproef doorstaan. De slangenbewaarder drapeert een middelgroot exemplaar rond mijn blote nek en schouders als een halsbont voor een soiree. Ik voel de wurgspieren van de slang even aantrekken rond mijn hals – een tastend verkennen, of een-voudig een reflex bij de aanraking van warme huid waar-achter bloed pulseert? Ik ervaar een schok van ontmoe-ting. Mijn door de tropische warmte gestoofde huidcellen krimpen en beantwoorden de koude uit het reptielenrijk, een huivering loopt door mijn ruggegraat, niet van angst maar door dit vreemde vraag-en-antwoordspel tussen mij en de slang – wat hebben wij met elkaar van doen, kinde-ren uit verschillende werelden, zij, de slang, miljoenen ja-ren ouder dan ik? Ik strek voorzichtig mijn arm zijwaarts om een fraaiere pose aan te nemen met het oog op de ca-meralens waarin Ali ietwat zorgelijk staat te turen, de python slingert zich in de richting van mijn pols. Even heb ik een visioen van mezelf als slangengodin, zo'n Mi-noïsch beeldje van een priesteres die in haar opgeheven handen een slang ten hemel heft, en dan op hetzelfde ogenblik heeft de python haar kans schoongezien en laat zich als een dooie tak op de grond vallen om met een haas-tige schuifeling op weg te gaan naar het beschermend groen onder de struiken. Hoe snel heeft zij de situatie overzien. Maar mijn vluchteling wordt door de slangen-bewaarder en zijn trawanten onmiddellijk weer ingesloten en toegevoegd aan de Gordiaanse knoop die maar steeds is voortgegaan met zichzelf te knopen en te ontknopen.

Ik ontmoet een schildpad met een schild van minstens een meter lengte. Deze gigant heeft niet meer dan wat kippe-gaas tussen paaltjes nodig om hem binnen de perken te houden. De zwarten geven hem een trap om hem voor mijn genoegen tot lopen aan te zetten. Ik spreek de kolos-sus toe en zie hoe de spatelvormige kop traag uit het schild geschoven komt, hoe de amandelvormige ogen zich openen. Langzaam komt hij overeind gerezen op zijn po-ten – hoe krijgt hij dat zware schild omhoog? Net Atlas –, zijn magere oudemannennek komt uit zijn schild, wordt steeds langer en langer en ik krabbel hem onder de rimpelige kin, vol verbazing de ontplooiing van dit schepsel aanschouwend. Hij begint te wiegelen op die leren vormloze poten, begint steunende lovesick geluiden uit te stoten, zijn tandeloze bek wijdopen: aaaoooh aaaoooh... De zwarten beginnen te lachen. Nee, ik ben niet de Lady met de Eenhoorn, maar de Lady met de Schildpad, dat heeft weinig poëtisch. Ze grinniken: 'He loves you', en geven hem weer een trap zodat hij opeens in elkaar zakt en verandert in een bultige berg van stilte.

Roze spaarvarkens, besnijdenis en nog wat

Op weg naar Amboseli zie ik ze bij een benzinepompstation staan: nederige ouwe mannen in vieze rode lappen, ze houden zich op een afstand zoals zwerfhonden die met gloeiende ogen rond een menselijke nederzetting cirkelen in de hoop een bot te bemachtigen: dit zijn de Masai, eens verheerlijkt als de 'Noble Savages'. Zelfs de blanken hadden in vroeger dagen een gepast respect voor ze want ze stonden bekend als gevaarlijke moedige krijgers – je kon maar beter uit hun woongebied wegblijven en veel slavendrijvers en ontdekkingsreizigers trokken dan ook met een boog om Masai-land heen. Nu staan ze hier, nog altijd getooid in hun wijsgerentoga's, murmelend: pitcha, pitcha (picture, picture); nog altijd met hun lans in de hand, het sacrale wapen dat hun door de Schepper, de Verdeler van de Wereld, eigenhandig geschonken werd.

De Schepper had een hoge berg gemaakt als rustplaats voor hemzelf: de berg Kere Nyaga: berg van Schittering en Geheimenis (later verbasterd tot Mount Kenya). Hij schiep drie zonen die de stamvaders werden van de Masai, de Kikuyu en de Kamba. Hij gaf hun de keuze tussen een speer, een pijl en boog, en een houweel. Masai koos de speer en kreeg het bevel om kudden te hoeden op de vlakten, Kamba koos de boog en werd naar het bos gezonden om te jagen (de Kamba's zouden ook nu nog de beste jagers zijn), en Kikuyu werd onderricht in het bewerken van de grond.

Van deze stamvaders is Masai het trouwst aan zijn oerbeeld gebleven, hij heeft nog steeds geen afstand willen doen van zijn nomadenbestaan en zijn recht op het houden van vee. Toch is er de klad in gekomen want de toeristenindustrie heeft hem ontdekt. Vanuit Nairobi kun je de Masai in een Neckermann-busje gaan bezichtigen, of wanneer je met je fototoestel groot wild gaat 'schieten' neem je hen en passant mee. Samen met mij in het busje zitten twee zwijgzame Noorse reuzen, een Duitser en drie Japanners. 'De volgende keer smeer ik mijn gezicht met schoensmeer in en hou ik ook mijn hand op: pitcha, pitcha – zo kan je rijk worden,' zegt een van hen. Hilariteit rondom. De Duitser ruilt zijn zonnepetje tegen een handgesneden masker. Hij houdt het masker voor zijn gezicht en roept: boeoe tegen de oude mannen. Een jongere Masai wil een kapmes in een bewerkte leren schede aan een Japanner verkopen die op zijn vaste plaats aan het raam van het busje is blijven zitten; die biedt hem een oud scheerkrabbertje in ruil, de Masai kijkt weifelend, ter verduidelijking krabt de ginnegappende Japanner ermee over zijn wangen. Niet hebben? Pats, hij schuift het raampje dicht zodat de vingers van de Masai er bijna tussen komen. Degene die het voordeligst geruild heeft of het meest heeft afgetroggeld, die wordt bewonderd, die is de leepste. 'Die lui vragen veel te veel,' zeggen de toeristen, 'je moet ze in de gaten houden, ze bedonderen je bij het leven.'

'Wasn't I lucky?' kirt een Amerikaanse dame die er met een zware Masai-kralenketting uitziet als een kalkoense haan: 'I got this for a T-shirt and ten shilling...' Jaloerse blikken. De hele handel gaat volgens het oude kralensysteem, beproefd sinds prekoloniale tijden.

'Jij bederft de markt,' zegt een medereiziger nijdig tegen mij als ik zonder af te dingen de gevraagde prijs betaal, 'jij betaalt te veel.' Maar wat is te veel in een land van armoede? Wat is te veel voor toeristen die achteloos pilsjes kopen en in peperdure Treetop Hotels overnachten? In de Treetops kan je met een glas whisky in je hand in een luie stoel achter veilig glas de leeuwen en olifanten bekijken die na zonsondergang in floodlight geshowed worden terwijl zij naar de drinkplaats komen. Dikke toeristen eten maaltijden van vijf gangen, in Amboseli zag ik iemand zijn opgetaste bord fotograferen met een serviele neger op de achtergrond – heimwee naar de Afrikaanse tempo doeloe. Zelfs de meerkatten zijn daar gedegradeerd tot speelgoed, ze bedelen wit brood en stoppen hun wangen vol met kurken van wijnflessen, doppen van frisdranken en andere rotzooi, iemand gaf ze mosterd te eten en iedereen vermaakte zich met de potsierlijke sprongen en jammergeluiden die de beesten maakten – alles show – en eigenlijk verdenk ik de meerkatten ervan het hele spelletje mee te spelen, net als de Afrikanen zelf – want ik weet niet wat er achter die gelakte glimlach van de houseboys en hotelbedienden zit. Hoe zien zij ons? Als een kudde roze spaarvarkens die je goed moet schudden omdat er veel geld in zit?

Hoe ziet de Afrikaan de blanke? Ze vinden hem net een aap, wordt me gezegd, want hij heeft glad haar en geen kroes. Ze vinden hem onbeschoft, gulzig, autoritair, hij heeft wereldoorlogen gemaakt, en dan dat hele koloniale verleden. Weerstand tegen de toeristen is duidelijk merkbaar, maar ze brengen geld in het laatje. De inheemsen vergapen zich aan dat geld en aan het nietsdoen van de blanke westerling.

Veel toeristen gaan naar Kenya alsof ze een deeltje van de Bouquetreeks lezen: alles moet romantisch zijn en gesuikerd, ongevaarlijk en niet al te inspannend. Maar je krijgt een irreëel beeld. Je zegt een paar leuke woordjes: kwaheri, tot ziens: rafiki, vriend, en dan lachen de Afrikanen en wij vinden ze vertederend kinderlijk, en zij vinden ons onwetende stamelaars. Door dit soort toerisme ontstaat geen contact of begrip, eerder misverstand. Wij wandelen daar rond als kijkers door een dierentuin, we zijn ongeduldig, op safari willen we *onmiddellijk* een leeuw of een olifant zien – die beesten werken ook niet mee was een geestigheid van de Amerikaanse dame (they don't cooperate). De chauffeurs van de safaribusjes racen als gekken in enorme stofwolken rond om hun klanten toch maar het verlangde quotum wild te verschaffen; de dieren zijn overspannen, de luipaarden hebben al de wijk genomen, maar waarheen kunnen ze nog vluchten?

De blanken hebben de Afrikaan meestal als dom, achterlijk en op zijn gunstigst als primitief bestempeld. Maar hoe kan je iets te weten komen van iemands gedachtengang, zijn geheime innerlijke gemoedsbewegingen wanneer je hem het etiket van domheid opplakt? Altijd is er legendevorming geweest aan weerskanten. Huiveringen liepen ons immers over de rug bij het lezen van kinderboeken met kannibalenhistories. Maar ook de Afrikaanse bevolking hield er lange tijd merkwaardige ideeën op na. Voordat ze ooit een blanke onder ogen hadden gehad geloofden de Masai dat de huid van de blanken doorzichtig was, zodat je een interessant doorkijkje had op zijn inwendige organen, ze dachten dat de baarden van de blanken zo lang waren dat ze over de grond sleepten, zelfs wanneer de eigenaars op paarden gezeten waren. Toen Livingstone in de Portugese stad Luanda arriveerde waren zijn Afrikaanse dragers bang om de stad van de blanke man binnen te gaan, want ze hadden gehoord dat zij zouden worden opgegeten.

Vorig jaar kreeg ik de memoires van Kamante in handen: de kok en major domo van de beroemde koffiebarones en schrijfster Karen Blixen. Kamante, een Kikuyu, kon niet schrijven, maar zijn zoon heeft uit zijn mond de herinneringen opgetekend aan de tijd toen hij nog in het huis van Karen Blixen woonde. Kamante had zijn tekst zelf verlucht met wonderbaarlijke sierlijke tekeningen en aquarellen van mensen en dieren. De mensen die er op zijn tekeningen het meest verontrustend en karikaturaal uitzien zijn: de prins en de hertog van Wales. Onder geweldige tropenhelmen hebben ze enorme hoofden met daarin kleine tuitmondjes, de prins een theepottuit en de hertog het spitse bekkie van een tekkel. Met uitpuilende kikkeroogjes staren zij gebiologeerd voor zich uit. Nog lomper en wanstaltiger ziet een zekere mr. MacMillan eruit: een gigantische vette baby op een potstoel, met onder aan zijn broekspijpen een paar klompvoetjes – de Witte Man gezien door zwarte ogen.

Kenya: een wereld in een maalstroom. De psyche van de mensen ondergaat traumatische veranderingen door het op elkaar geworpen worden in de moderne stad, het losgerukt zijn uit het stamverband, en daarbovenop die lawines van blanke toeristen. Opeens zijn hun dansen en sacrale rituelen als shows verkoopbaar, hun kleding en gebruiksartikelen handelswaar, alles is opeens bezienswaardig. Wat gebeurt er met iemand die opeens beseft dat alles verkoopbaar is?

De civilisatie heeft drie dingen gebracht, zeggen de Masai: bier, corruptie en toeristen. Maar ook de wetenschap doet haar werk, er is aanpassing, vooruitgang, aantasting – alles zit in een spiraal van winst en verlies. Alles moet van de ene dag op de andere anders worden, het vee van de Masai moet met chemische stoffen besproeid worden om de dodelijke tekenziekte tegen te gaan, het moet ingeënt, er moeten minder beesten worden gefokt maar van betere kwaliteit – maar de grootte van zijn kudde is juist zijn trots. En het gaat allemaal zo waanzinnig snel. Moeten de nomaden boeren worden? Maar ze hebben landbouw altijd geminacht – arme schooier, noemden zij de man die geen vee had. Bovendien geloven zij net als de

Indianen dat je de aarde niet met een schop mag aanraken. Moeten ze ambachtslieden worden? Maar hun lichamen en hun voeten zijn gemaakt voor het volgen van de kudden.

Toch ontstaat er een nieuwe kleine industrie in Masailand. De vrouwen maken sieraden voor de verkoop, tassen van leer en houtsnijwerk.

De traditie is als een kruik die de inhoud bijeenhoudt,
breekt de kruik dan stroomt het water alle kanten op –
   Swahili gezegde

En nu stroomt het alle kanten op, een nieuwe wereld is in wording, het is: veranderen of ten onder gaan. Alles heeft hier duizenden jaren op dezelfde manier bestaan. Je bouwde je hut op dezelfde manier als je voorouders dat deden, een hut een beetje anders bouwen, dat was niet goed. De traditie, die was beproefd, die had zijn waarde bewezen door de tijd heen.

Ik sprak met Toon Tellegen, een arts die drie jaar lang aan een missieziekenhuis in Kilgoris, in Masai-gebied, verbonden is geweest. 'Ik kreeg nog dikwijls Masai in mijn ziekenhuis met pijlen in hun lijf,' vertelt hij. 'Vroeger moest een Masai in zijn eentje een leeuw doden of een krijger van een vijandige stam, voor hij de status van volwaardig Moraan kon verwerven. Gedood worden door een geweer, dat was iets heel anders, dat was zoiets als een verkeersongeluk: iets vreselijks. Door een pijl niet, dat hoorde erbij. Ik moest ook hun oren repareren, die waren dikwijls enorm uitgerekt en met gaten erin. Wanneer ze een baantje konden krijgen in de stad dan wilden ze niet die lappen oor op hun colbertje hebben hangen. Je hebt er die gaan in een overhemd en een stropdas naar de stad, maar anderen willen niets van al die nieuwigheden weten.

Ze hebben zich heel lang verzet tegen ziekenhuizen en scholen op hun gebied.'

Hij zegt: 'Ja, er is veel veranderd, er is nu een hek met prikkeldraad om mijn ziekenhuisje heen tegen de criminaliteit. De Masai kenden geen gevangenissen of straffen. Wanneer een van hen zich misdragen had dan verzamelde de Raad van Stamoudsten zich om erover te beraadslagen, ze praatten soms dagenlang en ieder luisterde beleefd naar de ander. Een enkele maal werd er een boete opgelegd uitgedrukt in vee. Er waren twee Moranen die een vrouw hadden verkracht. Hun straf was uitbanning – ze kregen geen eten meer en werden niet meer in de kraal toegelaten, nergens, want de bush-telefoon bracht het bericht door heel Masai-land. Ze verhongerden en werden door wilde dieren opgegeten.'

Ik vraag hem naar de achtergronden van de besnijdenis. Waarom doen ze het? Ik heb gelezen dat de speciale manier van besnijden bij de Masai ten doel zou hebben hen tegen venerische ziekten te beschermen en ook om hun vrouwen meer genot te verschaffen.

'Ik denk dat zij zich die dingen nooit hebben afgevraagd. Waarom? Ja, waarom geven wij elkaar een hand? Omdat je vader het deed en zijn vader voor hem. Het is een oneindig gecompliceerd spel vol verschillende regels en taboes, zo ineengeweven als een gobelin – soms zijn de betekenissen daarvan geheim of onbekend, verloren gegaan in die eeuwenlange keten van overlevering. Ze weten zelf niet meer waar al die dingen vandaan komen. Het is zoiets als je eerste communie doen of meerderjarig worden, je gaat de drempel naar de volwassenheid over. Het is al zo oud. Lees het Oude Testament er maar op na.'

God sprak tegen Abraham: Laat van u al wat manlijk is besneden worden.

...Zo zal mijn verbond zijn in uw vlees tot een eeuwig verbond, en de onbesnedene, hij wiens voorhuid niet

afgesneden is, die mens zal uit mijn volk uitgeroeid
worden: hij heeft mijn verbond verbroken.

'Maar hoe zit het dan met de vrouwen? Daarvan staat niets in het Oude Testament. Zou die clitoridectomy een middel zijn tegen promiscuïteit?'

Toon meent van niet. Want er zijn veel stammen waar de besneden vrouwen de gasten van hun man in hun bed mogen nodigen – een vorm van gastvrijheid, terwijl ze soms ook hun uitverkorene, hun *asanja* uit hun meisjesjaren als lover mogen behouden – en alle kinderen zijn van de officiële vader, zelfs in het geval dat de natuurlijke vader bekend is.

'De besnijdenis is plechtig en komisch tegelijk, en vooral spannend. Sommigen raken in delirium vanwege de stoffen die ze gebruiken. Het gebeurt in het openbaar, iedereen staat op een kluitje te kijken. Eerst werden de meisjes een tijdlang in ijskoud water gezet om de pijn te verdoven. Er was een heks met een groot mes en die sneed, rang, die clitoris eraf. Ze kregen bloed te drinken. Een oude vrouw zat op de grond met haar benen wijd en die ving de pas besnedene in haar armen op en tussen haar benen, soms zat er een heel treintje vrouwen achter elkaar. De clitorissen werden op een lap van huid gegooid en dan hup naar buiten waar de hond ze opat. Daarna moesten de meisjes in afzondering, ze waren taboe voor de mannen. Je zag ze rondlopen over de heuvels met een tak van twee meter en een doek over zich heen met alleen een gat voor de ogen, ze liepen nog wat voorzichtig.

Er ontstaan dikwijls vergroeiingen en littekenweefsel. Soms is de vagina zo vernauwd dat er met geen mogelijkheid een kind doorheen kan. Ik heb een vrouw meegemaakt daar kwam het kind door de anus, want er was geen uitgang. Maar waarschijnlijk moeten ook de mannen veel pijn lijden wanneer ze een erectie krijgen en de boel is vergroeid of verdikt door littekens. Je merkt bij de Masai weinig van hun sexleven, vrouwen en mannen raken elkaar niet aan. De kus vinden ze typisch westers en een beetje belachelijk, hoogstens geeft de vrouw bij een begroeting een licht kusje op het oor van de man. Soms zie je wel eens jonge meisjes tegenover jongens zitten, en de meisjes zitten dan aan elkaar te frummelen en de jongens ook – om elkaar op te winden? Een vorm van flirt? Je ziet geen gewone flirt. Bij de Luo wel, die vrouwen zijn veel sensueler, die draaien met hun kont.

Er stierven veel kinderen in het ziekenhuis en dan hoorde je die vrouwen schreeuwen, daar kon ik slecht tegen. Als Europese arts heb je last van schuldgevoelens. Je denkt: had ik dit niet moeten doen of dat, heb ik het wel goed gedaan? Daar bekommeren de Afrikaanse artsen zich veel minder om; zo'n dokter zegt: het is zes uur, ik werk niet meer – ook al komt er een vrouw met een doodziek kind: nee, ik werk niet. Gaat het kind dan dood, pech gehad. Geen schuldgevoel. Wij hebben een schuldcultuur, zij hebben meer een schaamtecultuur, hun trots mag niet gekwetst worden – het ergste is als je iemand publiekelijk te schande maakt of uitkaffert – dat is onvergeeflijk. Het begrip "zonde" is er ook vreemd. Er is ook weinig bemoeienis met mensen buiten de directe familie of clan om, daar voelen ze geen verantwoordelijkheid voor. – De Masai liepen en liepen; moesten ze bijvoorbeeld een os verkopen, dan gingen ze naar een stad wel zestig kilometer ver. Wanneer ze terugkwamen wilden ze toch wel graag mee liften als ze een auto zagen. Maar denk niet dat de jongemannen plaats maakten als er een hoogzwangere vrouw of een oude man in de auto wilde, dat ging ze niet aan.

Ja, soms heb ik heimwee naar mijn ziekenhuisje in Kilgoris. Als er een bevalling op handen was dan kwamen de nonnen op mijn raam tikken: maternity, maternity... en dan moest ik mijn bed weer uit. Maar als dat kind er dan was, liep ik naar huis onder de sterren, de lucht was dun omdat we daar hoog in de bergen zaten – ik ging op het gras bij mijn huis liggen en keek omhoog: hallo Orion, en je hoorde in de verte de hyena's of de wilde honden blaffen of een kinderstem uit het ziekenhuis.'

De besnijdenis blijft me intrigeren. Wat betekent dat mes aan het begin van de volwassenheid? Is het een ritueel dat religie en erotiek verbindt op eenzelfde manier waarop dieren op rituele wijze geofferd worden? Moet het sacrale het profane heiligen, sanctioneren? Of hoort die besnijdenis van Afrikaanse stammen eenvoudig bij alle andere inkervingen en versieringen die op het lichaam worden aangebracht om stamkenmerken, status, leeftijd aan te geven? Wanneer je niets anders hebt dan wordt het lichaam zelf misschien zo iets als een persoonsbewijs, een kalender waarop iets valt af te lezen.

'Hoe is dat tegenwoordig?' vraag ik een Engelse non die in de slums van Nairobi werkt. 'Verzetten de vrouwen zich tegen de besnijdenis?'

'Verzetten nee. Hier in de stad komen ze natuurlijk met de westerse cultuur in aanraking en daardoor raakt het in onbruik. Op het platteland is dat anders. Daar willen de meisjes het zelf graag, want ze zouden niet geaccepteerd worden, ze zouden er niet bij horen wanneer ze niet geïnitieerd waren. De mannen zouden ze niet respecteren. De jongens in de stad worden nog wel besneden, maar dan in een ziekenhuis.'*

'Bestaat hier zo iets als feminisme? Verzetten de vrouwen zich tegen polygamie?' 'Er komt wel langzaam iets op gang, een mentaliteitsverandering, maar de wet tegen de polygamie is in '79 afgestemd. De meeste vrouwen ac-

* *Clitoridectomy werd in Kenya in september '82 officieel verboden nadat er twaalf meisjes aan de gevolgen van de operatie waren overleden.*

cepteren de situatie, vinden het ook wel gemakkelijk wanneer een tweede vaak jongere vrouw een deel van hun taak overneemt. Die vrouwen moeten ontzettend hard werken, zij zijn de werkezels. Voor de oudere mannen geldt als hoogste genot: Kukaa-Tuu – zitten slechts. Maar voor de vrouwen komt dat ogenblik nooit.' (En voor mijn ogen komt dat vaak geziene beeld: de vrouwenrug die zich vooroverbuigt terwijl de man daarop een enorme zak legt als op een pakdier; dan richt zij zich moeizaam omhoog en volgt hem waar hij loopt.)

Ik rijd door Amboseli, het befaamde natuurreservaat dat al veelvuldig door het televisieoog is verkend. Op mijn scherm thuis zag ik geheimzinnige silhouetten van dieren onder de gloeiende uitwaaierende veren van de avondhemel: een grandioos openluchtspel met de vereiste dramatische effecten: het eten of gegeten worden, leven en dood, dag en nacht, en dat alles tegen het decor van de legendarische Kilimanjaro.

Nu zie ik Amboseli leeg, ontmaskerd, met afstervende bomen die met hun wortels in sompige moerassen staan – negentig procent van het bomenbestand is dood door de verzilting van de grond en de olifanten doen de rest; ze hangen en liggen uiteengereten als gigantische knekels, een olifanteschedel ertussen (zonder de slagtanden uiteraard). De safaribusjes cirkelen en cirkelen, de chauffeurs hangen spiedend uit de raampjes en geven elkaar het nieuws door over de plek waar een leeuw of een rinoceros zich moet ophouden. Een beeld van verwoesting.

Te veel dieren en te veel kudden putten de grond uit. Grenzen omsluiten het park onzichtbaar maar dodelijk. Wat ik nog zag in de noordelijke savannen van de Turkana: het weefsel van vegetatie, mensen en dieren, de harmonie nog intact, dat ligt hier ontbloot, naakt tot op het bot.

'Wat zullen we vanavond te eten krijgen, malse impala-biefstuk?' zegt de Japanner. – 'Terrible mean beasts,' zegt de Amerikaanse huiverend bij het zien van vier zwarte buffelstieren die een halve cirkel vormen om hun koeien en kalveren af te schermen, hun neusgaten gesperd om de geur van hun doodsvijand op te snuiven. Ik haat dat Amerikaanse mens en die ginnegappende Japanners. Ik haat op de een of andere manier dit hele Amboseli, om de onnatuur, om de hele atmosfeer van treurnis die eroverheen hangt.

Omdat ik de volgende ochtend om zes uur met de ranger het park in wil zoek ik vroeg mijn kamer op. Mijn bed staat twee meter verwijderd van een gigantisch glasraam vrijwel tot de grond waardoor ik de hele vlakte kan overzien. Het is nacht. Het ondoordringbare stofgordijn dat de Kilimanjaro overdag verborgen had gehouden heeft zich opgelost en nu staat de berg binnen de omlijsting van mijn raam, zeer ernstig en zeer nachtblauw – en het is net alsof zich iets uitrekt, iets opademt in de koelte en tot leven komt, een bijna volle maan roteert langs de hemel, licht en duisternis huwen zich aan elkaar in diepe stilte. Ik moet even zijn ingedommeld, ik hoor iemand op zachte sloffen lopen; iemand kucht. Ik doe mijn ogen open en zie een leeuw mijn raam binnenkijken. Hij drukt zijn snoet tegen het glas. Even later komt er een tweede leeuw. Het zijn nog jonge slanke dieren, samen op stap. Ze gaan op hun hurken zitten: twee door de maan verzilverde grote katten, en ik zit rechtop in bed – zo kijken we naar elkaar, minutenlang, de dunne glaswand tussen ons in. Ik zie hun aandachtige gezichten, de glinstering van een snorhaar. Afrika kijkt naar mij. En ik kijk naar Afrika.

Ik droomde over de olifanten. Ik droomde dat ik met een kind door een vreemde stad liep. De stad lag tegen een rots en had enorm niveauverschil, je moest steeds klimmen en we klauterden over kolossale hopen lompen en versplinterde houttroep, steeds lager, daar was een plein; overal liepen oude olifanten, ze kwamen de huizen binnen, één stak zijn kop door een raam en speelde met zijn slurf met een kind dat ziek in bed lag. Eén ging de trap op. Opeens schopte iemand keihard die olifant het huis uit, vreemd dat dat beest zo licht was. Hij viel met een grote boog op het plaveisel en barstte open en liep leeg als een ballon, je zag zijn inwendige organen, dat waren gele bloemen.

De *olifant*. Wie is hij? Nu pas, nu zijn bestaan bedreigd wordt en de natuurgebieden waarin hij mag rondwandelen niet groter zijn dan zakdoekjes vergeleken met de ruimte die hij eens bezat, nu buigen de zoölogen en biologen zich over zijn persoon en zijn psyche en verbazen zich en denken: misschien is er geen tijd genoeg meer om dit merkwaardige beest in al zijn gedragingen en het resultaat daarvan op de omgeving te kunnen observeren. De tijd is te kort, we zien momentopnamen. De eeuwen waarin de olifant naar eigen goeddunken rondzwierf en Afrika als een soort landbouwer omploegde, bossen rooiend waar dan weer gras en struikgewas, waarin andersoortig gedierte kon leven, voor in de plaats kwam en weer later een nieuw jong bos; de eeuwen waarin hij paden uitsleet door hoge bergketens, waarin hij de grote meren overstak, soms zwemmend, dan weer over de bodem lopend met zijn slurf als snorkel boven water, die zijn voorbij. Van dat bijna onaantastbare kalme dier zullen wij niets meer zien. Want nu is de olifant op genade en ongenade aan de mensen overgeleverd, hij wordt in de gaten gehouden, geteld, neergeschoten, omsingeld. Sommige zijn door de generatieslange achtervolgingen zo neurotisch geworden dat zij alleen nog maar 's nachts op pad gaan. Zij kennen de grenzen van de twijfelachtig veilige reservaten en schijnen zelfs uit andere streken daarnaar toe te trekken alsof zij de boodschap via telegrafie hebben doorgekregen, en zorgen dan natuurlijk weer voor overbevolking binnen het Park. De ranger in Amboseli zei: de landbouw rukt op, dat is het grootste probleem, akkers komen vlak tegen de reservaten aan te liggen en als een olifant het in zijn kop haalt om daar maïs of bananen te gaan stelen dan wordt hij neergeschoten. De reservaten zijn zo fragiel – wat blijft daarvan over wanneer er een revolutie uitbreekt, een hongerende bevolking begerig naar die laatste stukken land zal kijken waar die 'onnutte' 'stomme' dieren leven? Tegen een dergelijk gevaar zijn geen wetten of bepalingen bestand. En de weinige parkwachters die er zijn zullen niets kunnen uitrichten. De ranger vertelde dat er in Kidepo – een prachtig reservaat in Oeganda – onlangs een detachement van het Soedanese leger was binnengedrongen om op stropersexpeditie te gaan. Hoewel de parkwachters daar goed getraind zijn, was de overmacht te groot, ze kwamen onder granaatvuur en drie van hen werden gedood. De Soedanezen doen dat regelmatig want ze hebben hun basiskamp vlak bij de Oegandese grens.

Tijdens de onlusten tussen Zimbabwe en Zaïre liepen de olifanten in de mijnenvelden. De soldaten van Amin gebruikten ze als schietschijf. De doodsdans van die dieren is bijna ten einde. Een park als Amboseli is een soort speelgoedwinkel voor toeristen. Waar zijn de jungles waar die beesten zich nog zouden kunnen verstoppen?

Toen de telefoniste van een reisbureau in Nairobi geen contact met Malindi tot stand kon brengen waar ik heen wilde vliegen, zei een grapjas: 'Een olifant zal wel ergens een telefoonpaal omver hebben gehaald.'

Een bushdokter zei: 'We leggen altijd witte lappen in kruisvorm op de airstrip zodat de piloot kan zien wanneer de olifanten de landingsbaan verwoest hebben.'

Geen plaats meer voor olifanten. Ze zijn uit de tijd, verouderde museumstukken, te lastig, te groot om nog in vrijheid te laten rondzwerven. En wat voor nut hebben ze? Alleen dat ivoor. Voor biljartballen, schaakstukken, beeldjes, Chinees snijwerk, ingelegde Indische tafeltjes. Er zijn lieden geweest die overwogen hebben om olifantenfarms op te zetten zoals ze met de struisvogels hebben gedaan ter wille van de staartveren, maar die slagtanden groeien zo traag, en die beesten moeten zo veel eten, het is niet rendabel. Binnenkort bestaat de olifant alleen nog in de dierentuin en daar zul je hem van de ene poot op de andere zien wiebelen door gebrek aan bewegingsvrijheid.

Exit Olifant. Der Mohr hat seine Schuldigkeit getan, der Mohr kann gehen. Hij heeft kopjes thee gedronken in de Romeinse arena's en met zilveren bestek een diner verorberd volgens de etiquette. Hij heeft danspassen geleerd en met een griffel leren schrijven, hij is eeuwenlang als krijgswagen en oorlogstuig gebruikt. De Perzische veldheer Darius begon daarmee op grote schaal. Alexander de Grote liet toen hij de Indiërs ging bevechten bronzen standbeelden maken die met gloeiende kolen gevuld waren en waarvan de olifanten dachten dat het mensen waren zodat ze hun slurf verbrandden wanneer ze hen wilden aanvatten. Hannibal sleepte olifanten mee over de

Alpen waarbij slechts enkele dieren overleefden. Tot mijn verbazing ontdekte ik dat ze zelfs nog in de Vietnam-oorlog zijn ingezet. Ze werden vele eeuwen als lastdragers en heftrucks gebruikt, er bestonden in Afrika verschillende 'olifantenscholen' en men liet tamme Indische olifanten komen om als leermeester te dienen voor hun Afrikaanse soortgenoten.

De Ethiopiërs zijn in de oudheid al begonnen met de ivoorhandel – het woord 'elephas' betekende oorspronkelijk: ivoor. In de achttiende en negentiende eeuw was de ivoorhandel een ware rage geworden, in het spoor van de doders lagen enorme skeletten als gestrande boten, wit gebleekt, en karavanen van slaven droegen de slagtanden op hun hoofden dwars door de jungles naar de ivoormarkten aan de kust. De olifant zou een aardig Zwartboek kunnen samenstellen om dat aan de Schepper te presenteren.

De valleivloer is heet, droog en helder, in de verte omzoomd door bergen; je ziet wolken verdampen langs de hellingen, de Kilimanjaro trekt zich terug achter een sulfurkleurige stofwolk – de dag is begonnen.

Kleine bomen, aloë's of een soort jeneverbessen tussen de geelbast acacia's. Geen menselijke voetafdruk te zien, weinig planten ook, over het algemeen is er niet veel van iets, wat dan ook. Lopen op de grond is hier een nieuwe sensatie: op de grond waar de trillingen doorheen gaan, de klopsignalen van zebrahoeven, of gnoes; het aardoppervlak als het gespannen vel van een drum die meetrilt in samenspraak met die rondzwervende, onzichtbare dieren. Ik zou mijn oor op de grond willen leggen tegen het fijne, oud ruikende stof, maar de ranger met zijn geweer is mij al stilzwijgend vooruitgelopen. Ik kijk achterom in de vlakte, die grote zuigende leegte met de vage slangachtige vormen van bergruggen aan de horizon: even een tweespraak tussen mij en de Schepping, deze scherf van de oertijd, die iets weerspiegelt van hoe het eens geweest moet zijn: oneindig en raadselachtig en gevarieerd.

Een zucht wind ademt op mijn gezicht en ik adem terug, een groeten heen en weer. Onwerkelijk voel ik me, bijna uitgewist in die leegte, die hitte. Holland, mijn familie – dat is allemaal weg. Ook ik zou kunnen verdwijnen in deze ruimte zonder een spoor achter te laten. – Bushfever, cabinfever, tropenkolder, zou er ook ruimtegekte bestaan? Ik moet aan 'The woman who rode away' van D. H. Lawrence denken, het verhaal over een vrouw die gehoor gaf aan een vreemde lokroep en zonder omzien haar man en kind en geriefelijk huis achter zich liet, op haar paard wegrijdend in de heuvels van Mexico.

De oertijd lijkt hier zo dichtbij alsof je die zou kunnen aanraken met je hand. Alles lijkt een harmonieuze symfonie. Maar nee, het is ook drama, overlevingsdrama, eeuwenlang uitgevochten in deze barre verblindende eenzaamheid. Ik zie termietennesten die als totempalen oprijzen uit het dorre gele gras, signalen van verborgen leven, daarbinnen kleine metselaartjes die korreltje voor korreltje met de specie van hun speeksel de muren hebben opgebouwd. Er zijn gaten in de grond – overal leeft wel iets.

Ergens staat een Masai als een zwarte ooievaar op één been, het andere houdt hij met de voet tegen de knie van het standbeen gesteund; geiten dalen af naar een rood riviertje, de grond is hard en stenig. Agaven groot als bomen met vlezige stengels, voorraadtorens vol water. Masai herders zitten in een heksenkring rond een boom, net als hun vee, in de schaduw. – 'Ik ken geen mensen die zo vrolijk zijn en zo individualistisch,' zei Toon Tellegen over de Masai, 'hoewel ze volgens strenge regels leven – misschien voelen zij zich juist door die regels zo vrij. Wij zijn maar muggen in een bedompte kamer vergeleken bij dat volk van bijen rond hun korf in de zon...'

Ze zitten daar nog alsof er niets is veranderd. Achter hen hun kraal met de ronde daken van hutten die licht en poreus moeten zijn – die worden door de vrouwen gevlochten van de leleshaw, een struik die de termieten niet lusten – een rookpluim stijgt op met een stille gloed. Jongetjes rennen achter de scharminkelige runderen aan, één koe ligt op de grond en een oude man is bezig zorgvuldig haar lange voorlok te kammen. – 'Er zijn tientallen woorden om de vorm van de hoorns en de gelaatsuitdrukkingen van de koe te beschrijven,' zegt de ranger, 'er bestaat een heel rundervocabulaire...'

Masai, wilde dieren en toeristen – wonderlijk mengelmoes aan de voet van de Kilimanjaro die nu zijn besneeuwde kop achter de hete stofnevel verborgen houdt – toen de eerste ontdekkingsreizigers daarvan melding maakten: sneeuw op de Kilimanjaro, werden ze voor leugenaars uitgemaakt.

'De Regering probeert watervoorzieningen voor de Masai te maken, voor de droge tijd,' zegt de ranger, 'ze krijgen exclusieve rechten op moerassen buiten het natuurpark...' Dan loopt hij weer voort; we moeten niet praten willen we iets te zien krijgen. Dieren zijn argwanender tegenover lopende tweebenige gestalten dan tegenover toeristenbusjes, in de tweebener herkennen zij hun aartsvijand. Troepen zebra's galopperen en spelen op de vlakte, ze zien er vet en glanzend uit – alsof ze geen honger kennen, dat komt door een uiterst economisch lichaamssysteem, ze worden vet van hetzelfde voedsel waar een koe graatmager bij zou blijven.

Door de verrekijker zien we twee leeuwinnen (toch opwindend om met zo'n dier op dezelfde hoogte te staan) die op een neergevallen boomstam liggen en naar een kudde gnoes kijken. De gnoes grazen vlak bij hen, heel sereen, alsof ze weten dat er vroeg of laat een slachtoffer moet vallen, min of meer alsof ze een pact, een handelsovereenkomst met de roofdieren hebben gesloten.

Er zijn verschillende niveaus waarop geleefd wordt, laag op de grond en steeds hoger, gazellen knabbelen aan struiken, de girafgazelle kan op zijn achterpoten staand al hoger reiken en ten slotte heb je de giraffe zelf: zijn kop drijft tussen de acacia-kruinen.

De Masai delen het natuurreservaat met de dieren, zo is misschien de alleroudste vorm van leven geweest. 'Nee, ze jagen ze niet,' zegt de ranger, 'pas als ze landbouw gaan bedrijven gaan ze zich beklagen omdat de beesten hun akkers vertrappen.'

Het is oktober, straks gaan de regens vallen en zullen de gnoes hun jongen werpen, dan verandert het droge Amboseli-bekken weer in het meer dat het eens was, dan komen honderdduizenden dieren terug – het is een eb- en vloedbeweging.

Het valt me op hoeveel van die mij onbekende dieren naar Engelse gentlemen vernoemd zijn: Grantgazelle en Thomasgazelle, Fisher's lovebird, Kirk's dikdik; meer naar het zuiden bestaat een sabelantilope met de naam Hippotragus niger Roosevelti, ter ere van Theodore Roosevelt. Over al die dieren nadenkend die al duizenden jaren hier rondzwierven is het me net of die een roze mombakkes van de blanken hebben voorgezet gekregen: een carnaval der dieren, een lovebird met een piepklein Fisherhoofdje...

De olifanten. De tijd heeft hen al bijna verdreven. Vijftig miljoen jaar geleden, lang voordat de apen zich begonnen te ontwikkelen, zwierven ze hier al rond, ze waren de eigenlijke koningen van Afrika, ze gingen waar ze wilden, door diepe hooggelegen bossen, door savannen en semi-woestijnen; zo'n tachtig jaar geleden wandelden ze nog door het centrum van wat nu Nairobi is. Op een open plek tussen bomen zien we hun bolussen liggen, grote blokken die op fijngesneden tabak lijken, vierkant samengeperst, duidelijke sporen van dieren die gewoon waren zonder vrees in de wildernis te leven, die hun aanwezigheid niet hoefden te verbergen omdat zij geen natuurlijke vijanden hadden. Maar ook voor hen kwam de onzichtbare kogel, de spookachtige vijand waartegen hun bastionachtige lichaam noch hun slagtanden iets konden uitrichten, noch hun ontzagwekkende woede, als de oren als trage dreigende vlaggen aan hun kop staan en zij krankzinnige snerpende trompetachtige schreeuwen uitstoten.

Maar het ziet ernaar uit dat ik hier in Amboseli de makers van die grote vierkante bolussen niet onder ogen zal krijgen. We beginnen de terugtocht naar de landrover. Opnieuw passeren we de kraal waar die Masai nog op zijn ene been staat. Hij kijkt over het land, zijn speer rust ontspannen tegen zijn magere schouder – eeuwenlang dezelfde man met hetzelfde wapen, zijn trouwste bondgenoot.

Plotseling toch olifanten. Met hun hoge filosofenvoorhoofden lopen ze tussen de dunne schaduwen van ontbladerde acacia's, het fijne spinsel van gekruist takwerk.

De ranger heeft de motor van de landrover afgezet en opeens valt er weer stilte als een duikerklok over me heen. Daar staan er drie bij elkaar, een wijfje met een halfvolgroeid dier en een baby; ik zie haar uiers tussen haar voorpoten waardoor ze merkwaardig veel op een mensenwijfje lijkt. Zij raakt met haar slurf het voorhoofd van haar baby aan met eenzelfde gebaar als de Masai doen bij hun kinderen. Het kleine dier beantwoordt de liefkozing, hun slurven tasten naar elkaar, omslingeren elkaar in een vraag-en-antwoordspel. De slurf is een opmerkelijk precies instrument met tienduizenden fijne spiertjes, waarmee de kleinste acaciadop uit de bomen kan worden geplukt.

Ik tuur naar de olifanten door de verrekijker, naar hun leikleurige huid met groeven als rivieren in een landkaart. Zo'n lichaam: een *massa* leven, uit de prehistorie naar ons toe gewandeld. Ik herinner me hoe ik ze als kind voor het eerst de piste van het circus Sarassani zag binnenstappen, elegant zwaaiend met hun slurf, groetend als gevierde acteurs, met fluwelen schedelkapjes op de kop en een soort pagoden van goud op hun rug. Ze konden tellen en sloegen met een stuk hout op een tafel: bonk, bonk, bonk... Ik herinner me dat we in de krant lazen dat er brand was uitgebroken in het circus en dat zwaarverbrande olifanten zich van hun ketens hadden losgerukt en de stad in gevlucht waren – een hele geschiedenis hebben we met elkaar, jij en ik, de olifant en de mens, een hele geschiedenis van angsten, waandenkbeelden, dreigingen, vriendschap, dood ten slotte.

Ze lopen vrijwel geruisloos, ik hoor alleen een takje knappen, ze hebben dikke zachte zolen. De moeder en haar kind staan heel stil, gedroogde droppels modder vallen van hun grijze huid. Stilte.

Maar de grote *stilte* waarin deze woudreuzen ooit leefden, die is voorbij. Er zijn nog fragmenten van stilte, maar hun sensitieve zintuigen bespeuren de aanwezigheid van de mens, het motorgeronk, de zonderlinge stank van onheil altijd dichtbij, steeds dichterbij.

Karen Blixen en de schaduw van het koloniale tijdperk

'*Politiek heeft geen ogen, geen oren, geen hart; in de politiek dragen valsheid en waarheid hetzelfde kleed, rechtvaardigheid en onrecht gaan hand in hand, goed en kwaad worden verkocht voor dezelfde prijs.*'
Uit *Suns of Independence* door Ahmadou Kourouma

Ik kan niet om Karen Blixen heen. Zij was per slot van rekening mijn eerste gids, op papier weliswaar, maar papieren gebeurtenissen kunnen soms diepere herinneringen ingriffen dan werkelijke. Zij voerde mij binnen in dat onbekende werelddeel dat Afrika toen nog voor mij was; ik las haar boek met verrukking en naïviteit, ik kan me niet herinneren zelfs maar op de kaart te hebben gekeken waar die Mount Kenya en dat Nairobi zich bevonden, het maakte niet uit: ik las over een vrouw die een soort rijk, een grote tuin had geschapen waarin veelsoortige mensen en dieren een onderkomen hadden gevonden. Zij had dat hele tafereel als een gobelin geweven met schakeringen, precisie en tover tot in het kleinste detail; al de bezielde gedragingen van de mensen had ze daarin verweven en al de planten en dieren omgevormd tot voorwerpen van schoonheid.

Toen ik hier pas was en iemand noemde de namen van de Ngong Hills en de Ngong Road, dan riepen die klanken een echo op, een resonans van herkenning. Want het was net of ik hier al eerder geweest was. Ik kende de luimen van de Ngong Hills, hun verdwijntrucs en hun silhouet aan de horizon, ik wist hoe ze opdampten in de groene regen en hoe streng ze eruit konden zien op een heldere ochtend.

Ik ging op weg om een pelgrimage naar haar huis te maken, maar op de een of andere manier was er al iets veranderd, was ik me al meer bewust geworden van ambivalente gevoelens ten opzichte van het paradijs dat zij in *Out of Africa* beschreven heeft.

Haar huis bestaat nog. Eromheen is een voorstad van Nairobi gebouwd, die naar haar genoemd is: Karen. Je kunt haar huis vinden wanneer je langs de oude herberg Gaylord Inn (daterend uit een tijd dat vrolijke lords op jacht gingen) en langs het oorlogskerkhof loopt waar de zwarten uit de beide wereldoorlogen onder de zoden liggen, en vervolgens Karen Road inslaat. De lage daken van het hoofdhuis en de bijgebouwen herken ik van de foto's.

Ik sta daar en probeer iets tot leven terug te roepen, ik probeer de schimmen weer in beweging te krijgen. Ik kijk in een gat van de tijd, naar een stukje grond, hel verlicht als onder een brandglas – een stukje grond dat historisch is geworden omdat een vrouw het optekende in de annalen van de geschiedenis. Maar nu ligt het hier uitgedoofd en gaat zijn gang en knispert een beetje van droogte en hijgt een beetje in de wind. Het is toch een soort Land's End, einde van een epoque.

Karen Blixen – een curieuze figuur, een vrouw van twee werelden en twee tijdperken. Een aristocrate uit Denemarken en een boerin in Afrika. Een adellijke dame met de educatie en de voorrechten van die adellijke staat, één die van kindsbeen af paardreed, op jacht ging, overwicht had op mensen, die die staat droeg als een soort paspoort, een visum naar geneugten en mogelijkheden in het leven die voor anderen gesloten zijn. Zonder het te weten was zij een 'feministe avant la lettre', door haar positie als aristocrate, maar ook door eigenzinnigheid, intelligentie en onafhankelijkheidszin.

Karen – een dualistische figuur, al voelde zij dat zelf waarschijnlijk niet zo – thuishorend in het typisch kolonialistische patroon enerzijds, anderzijds, over de grens daarvan heen, zich progressief opstellend tegenover de inheemse bevolking. Enerzijds koesterde zij de romantische absurde wens dat Kenya als 'persoonlijk geschenk' aan de koning van Engeland geschonken zou worden, anderzijds was zij veel humaner tegenover haar arbeiders dan de andere blanke planters. Zij was een van de eersten die hen zag als 'mensen', ze werd gebiologeerd door de karakters van haar personeel en haar 'squatters' (landarbeiders die in ruil voor hun arbeid een lapje grond voor zichzelf mogen bewerken), door de wezenstrekken gevormd door verschil in ras en traditie: de Indiër, de moslim tegenover de Kikuyu, de eenzame nomade, de Masai, daar weer tegenover; ze wilde dieper doordringen in hun afkomst en geheimenissen, ze wilde in die zielen lezen, de gedachten in hun hoofden. Ook ten opzichte van dieren had zij die benadering: proberen te zien wat die beweegt, hun drijfveren leren onderkennen, zoals de problematiek van het door haar grootgebrachte antilopekalf Lulu als kind van twee werelden: die van de mens en die van de jungle. Ze trachtte de stem van dat donkere geïsoleerde werelddeel op te vangen en in woorden vast te leggen. Daardoor schreef ze een onvergetelijk boek.

Zij noemde zich zowel Isak Dinesen (haar pseudoniem als schrijfster) als baronesse Blixen – daar zit haar tweespaltigheid al in – en tenslotte werd zij ook nog mrs. Karen van Karen Farm. De schrijfster, de aristocrate, de koffieplantster. Hoe sterk zij aan die adellijkheid van haar hechtte spreekt uit het feit dat zij later, toen zij al weer in Denemarken woonde, brieven aan haar vroeger huispersoneel altijd met baronesse Blixen ondertekende en niet met mrs. Karen zoals zij haar altijd genoemd hadden – een van haar huisjongens begreep niet wat die betiteling te beduiden had en verbasterde die tot 'lioness' Blixen.

'She was a Godly woman,' zegt Kamante. Zij beschrijft zichzelf als de heldin, de 'beschermengel' van haar shamba. Iedere week deelde ze een handje tabak uit onder de oude mannen en suikergoed of muntstukjes van five-cents onder de kinderen; wanneer het zondag was verheugde zij zich dat de squatters tijd hadden om op hun eigen grond te werken – maar besefte zij niet dat die van vrije mensen horigen waren geworden? Dat de Kikuyu in een reservaat op elkaar werden geperst waar amper ruimte genoeg was, terwijl al de vruchtbare grond door blanken in beslag was genomen? Dat het voor een Afrikaan bij de wet verboden was om grond te kopen? Besefte zij niet dat zijzelf op de oeroude erfgrond van de Masai woonde? In haar boek verhaalt ze heel romantisch van een 'Wartime-safari' die zij met een aantal van haar mensen ondernam. Maar wat betekende die oorlog voor de zwarte bevolking?

Een Afrikaan vertelt:

Men vertelde ons dat we in het leger moesten omdat de Duitsers ons land waren binnengevallen en we eronder zouden lijden als die succes zouden hebben. Velen van ons werden gearresteerd. We werden met touwen vastgebonden en in vrachtauto's geladen.

(Uit een jaarverslag van CEVNO: *Europa en de Derde Wereld*)

Karen Blixen beschrijft de panische angst van haar bediende Esa voor het 'Carrier Corps', maar waarom die man zo bang was wordt niet duidelijk. De Britten rekruteerden in Kenya honderdzestigduizend dragers (voor het merendeel onder dwang). Hiervan stierven er tweeenveertigduizend door honger en ziekte. Maar Kenya moest ook echte soldaten leveren. Zij beschrijft hoe haar vriend Berkeley Cole, een kolonel, bij een plechtige bijeenkomst op haar farm medailles uitdeelt aan Masai krijgers die in de oorlog als verspieders dienst hadden gedaan. Zelf maakt ze de ironische opmerking: 'Een medaille is een onhandig ding om aan een naakte man te geven, hij heeft niets om het aan vast te spelden.' Ook beschrijft ze hoe de Masai naar haar runderen op het grasveld keken alsof zij de vage hoop koesterden met een koe voor hun diensten te worden beloond, maar nee, ze kregen die medaille.

Na de oorlog kregen we medailles en een beloning van een paar shilling, maar verder niets. Maar de witte mensen met wie wij zij aan zij hadden gestreden, kregen ons land hier. Ze hielden een grote loterij. De namen van de grond uit alle delen van het land werden in enveloppes gedaan. Ieder die settler wilde worden trok uit een groot vat een enveloppe. Als er opstond: Molo of Nanyuki of Nakuru, dan kon hij daarheen gaan en zich vestigen op de grond daar.

Een Kikuyu vertelt:

De bitterste herinnering aan de oorlog is dat wij registratiekaarten kregen (de kipande), terwijl de Europeanen ons land kregen. Een toenmalige collega uit het leger, een blanke, kreeg het beste deel van mijn land en ik werd gedwongen een registratiekaart te dragen. De pijn van die behandeling zit nog in mijn maag. En dan ons loon, vier shilling per maand, voor dertig dagen werk en dan nog wat maïsmeel om te eten als je de hele dag een zware last op je hoofd hebt gedragen. Dat waren bittere tijden. Die uitbuiting, die ongerechtigheid! Dat wa-

ren de redenen dat wij onze politieke partij vormden. Ze
maakten ons wijs dat we voor ons land vochten. Maar
waar was ons land? Ze zeiden dat je uit de weg moest
gaan, terwijl je huis door een tractor werd vernield.
(Uit *Europa en de Derde Wereld*)

Hoe zit dat dan met Karen? Geen woord in haar boek
over de Kikuyu-opstanden in '21 (terwijl zijzelf veel Kikuyu in dienst had) of over de oprichting van de Young
Kikuyu Association onder leiding van Harry Thuku. Zijn
arrestatie leidde in het hele land tot massale protestacties
die bloedig werden onderdrukt. Maar de Kikuyu legden
zich er niet bij neer en organiseerden zich opnieuw in '27,
ditmaal onder Jomo Kenyatta die persoonlijk naar Engeland reisde om de eisen van zijn volk aan de orde te stellen. In Londen schreeuwde men: Hang Kenyatta! De
strop kreeg hem niet, maar wel heeft Kenyatta vele jaren van zijn leven achter de tralies moeten slijten alvorens, na de onafhankelijkheid in '64, de eerste president van Kenya te worden. ('Mzee' werd hij genoemd:
de wijze, de oude man. Hij ligt begraven in het centrum
van Nairobi in een tombe van glas en marmer, de Ki-
kuyu-zoon uit het hart van Oost-Afrika. Hij droeg altijd
een kalotje op zijn hoofd met parels bestikt en in zijn
hand een symbolische vliegenmepper: de giraffestaart.)
    In 1920 was dus de registratiekaart ingevoerd ('...*maar*
daar kan je niet van eten, die is taai als een oude buffel-
huid'), men wilde op die manier een greep krijgen op het
arbeidsleger, want de kolonisten hadden dringend *goed-*
kope werkkrachten nodig. Bovendien werd gelijktijdig
de belasting voor Afrikanen verdubbeld, die moesten ze
in baar geld betalen (veelal leefden ze van ruilhandel) en
zo was er geen ontkomen meer aan, ze moesten zich wel
voor een minimumloon aan de blanken verhuren.
Beschouwde Karen Blixen dit als een natuurlijke gang

van zaken? Was zij toch ook gehersenspoeld – al zou je door haar boek het tegendeel verwachten – door het koloniale patroon van denken? Kan een mens niet verder kijken dan zijn eigen erfje? De immigranten hadden geen nótie! Ze dachten: hier is geen beschaving omdat die vergeleken bij die van henzelf niet herkenbaar was, ze beseften niet hoeveel verborgens er was, hoeveel zij vernietigden, hoeveel zij niet begrepen. Maar gaf hun dat het recht om mensen als slaven en lastdieren te gebruiken?

Karen zat er middenin, ze zat op de vuurhaard. Maar kan je van iemand, van een schrijver, eisen dat hij zich sociaal en politiek bewust opstelt? Of moet je daarvoor een Multatuli zijn? Eigenlijk besef ik nu pas ten volle de uniekheid van die man die, in zijn tijd al, de blinddoek van zijn ogen wegtrok en zag wat er werkelijk aan de gang was: onrecht en uitbuiting – en die dat nog wereldkundig durfde maken ook.

Hoe is de situatie nu? Hoe staat het nu met recht en vrijheid? Vaak praat ik hierover met Theo, de man van Elena, die administrateur bij het Medical Research Centre is. Iedere keer wanneer ik van de een of andere tocht door Kenya terugkeer strijk ik neer in hun gastvrij huis in Nairobi.

'Het is altijd nog een neo-kolonialistisch land,' zegt hij, 'het is een dochterland van Philips en Unilever, er zijn veel buitenlandse vestigingen. – Of er gelijkheid is? Nee, er is nu bevoogding en uitbuiting door de eigen landgenoten, de Kikuyu zijn in de schoenen van de Engelsen gestapt, ze zijn de machtigste stam hier. De weduwe van Kenyatta en zijn erfgenamen bezitten een immens fortuin, wel een kwart van heel Kenya – dat zijn de nieuwe rijken. De armen blijven arm, of worden nog armer. Er is discriminatie onderling. Een rijkgeworden Kenyaan blaft zijn ondergeschikte net zo hard af als vroeger de blanke. En ja, er is corruptie – maar waar is die niet? Er worden bijvoorbeeld harambee's gehouden, dat zijn geld-inzamelingen voor een goed doel: het bouwen van een school of een ziekenhuis; dan wordt er gezegd: we hebben geld ontvangen van minister X en zijn vrienden, om de onderneming geloofwaardig te maken. Maar van dat geld van de harambee's wordt nooit verantwoording afgelegd, daar hebben ze de administratie niet voor. Toen er verkiezingen voor de deur stonden liet een minister in allerijl een geasfalteerde weg naar zijn huis maken. Dat is "prestige". Een man die dat klaarspeelt moet wel macht hebben, redeneren de kiezers. Die weg is dan bar slecht, daar vallen binnen de kortste keren gaten in.'

Theo vertelt mij een verhaal over de handel en wandel van de multinationals: 'Er was hier een ananasfabriek. Die zei tegen de boeren: verbouw ananas voor ons. Zij deden hun maïs en bananen weg en begonnen aan de ananas. Die werd door de fabriek van hen afgenomen. Zo hadden ze een min of meer vast inkomen. Maar die fabrikant kon opeens ergens anders ananas krijgen die twee shilling per stuk goedkoper was. De boeren dreigden kapot te gaan. – We zullen jullie helpen, een kleine steun geven, een soort lening, zei de fabrikant. Maar ze konden de rente niet opbrengen, laat staan de lening terug-betalen. – Verkoop dan het land aan ons, zei de fabrikant. Ze konden het land blijven verbouwen, maar waren een soort horigen geworden die op een bestaansminimum in leven moesten zien te blijven.'

Nog altijd de ananas van Multatuli.

'Kijk naar de televisie, daar leer je veel van,' zegt Theo.

Op het scherm zie ik hoe president Daniël Arap Moi van een van zijn veelvuldige goodwillreizen terugkeert op Embarkassi Airport. Terwijl hij door een haag van militairen schrijdt, zie je overal een frenetieke beweging ontstaan, een gewuif met papieren nationale vlaggetjes; langs zijn weg staan groepen van verschillende stammen opgesteld, allemaal in hun authentieke stamkledij, die op het moment dat hij in het zicht komt beginnen te dansen en te zingen; zodra hij voorbij is verstillen ze zodat de mensenmenigte net een graanveld lijkt waar de wind doorheen loopt – dat drukt alles uit: die man, dat wankel presidentje moet al die stammen samenvlechten tot één geheel, één natie. Je ziet als nieuwslezers op de televisie: een Kikuyu, een Aziaat en een Vrouw; dat is tekenend: alle groeperingen moeten tevreden gesteld worden, er moet voortdurend naar evenwicht worden gestreefd. Ze spreken Swahili met Engelse ondertiteling.

Op het witte scherm verschijnt een advertentie: *Plant a Tree for Timber Later.* Een oproep voor de toekomst, een oproep tot overleving. Zonder boom geen hout, geen houtskool, geen huis, geen schaduw, geen leven. Uit dat zaad moet de toekomst groeien, het zaad van overleving.

Een ingezonden stukje in de *Nairobi Times*: Donkeys are economical. Ze zijn zuinig in het gebruik, ze kunnen tot honderdvijftig kilo op hun rug vervoeren over korte afstanden, tot tien kilometer. Daarom zou transport over korte afstand met de ezel moeten worden gedaan.

Kenya zoekt zijn eigen gezicht, zoekt zijn eigen kansen tot ontwikkeling, het keert zich naar de multinationals, maar ook naar de ezel – waar moet het heil vandaan komen? Je voelt de gigantische druk waaronder het bouwsel van de Staat dreigt te bezwijken, aan alle kanten schieten problemen als scheuren door de muren. Alles is nog zo nieuw, op de schouders van kersvers afgestudeerden rust een ontzagwekkende verantwoordelijkheid, er is gebrek aan ervaring.

'*Plant a Tree for Timber Later.*' De problemen, voortgewoekerd uit het verleden, de problemen van de dag van vandaag zijn straks misschien nog klein vergeleken bij die van morgen. Nu is het Arap Moi, en straks zal het weer een andere president zijn – wat liberaler of wat despotischer – die door hagen van fladderende nationale vlaggen wandelt, maar morgen moet die boom er zijn, moeten al die miljoenen nieuwgeborenen te eten hebben.

Terwijl ik dit schrijf doemt dat beeld weer voor me op: hoe we op het terras zaten in de snel vallende tropische schemering. Een roofvogel of een uil gleed geruisloos door de boomtakken, je zag de antieke helm van de askari, die zijn plek bij het hek had ingenomen, even opglimmen, uit een naburige tuin galmden de zware stemmen van Masai bewakers. Ik zie weer de vorsende ietwat spottende blik uit Theo's grijze ogen op mij gericht. Hij vroeg: 'Denk je dat je nu iets weet van Afrika, denk je dat je iets gezien hebt?' Het hoofd schuddend gaf hij zelf het antwoord: 'Het is zo gecompliceerd. Al zat je hier een heel leven, dan nog had je maar een klein fragmentje gezien...'